ORANDO POR LAS

100 CIUDADES DE ACCESO

A LA VENTANA 10/40

**Redactado por C. Peter Wagner,
Steven Peters y Mark Wilson**

Editorial UNILIT

Publicado por
Editorial **Unilit**
Miami, Fl. 33172
Derechos reservados

Primera edición 1995

© 1995 por AD 2000 and Beyond
Publicado originalmente en inglés con el título:
Praying Through the 100 Gateway Cities of the 10/40 Window
por YWAM Publishing, A ministry of Youth With A Mission
(Juventud con una misión) Seattle, WA 98155
Todos los derechos reservados. Ninguna parte de este libro puede ser reproducida excepto en pasajes breves para reseña, ni puede ser guardada en un sistema de recuperación o reproducido por medios mecánicos, fotocopiadora, grabadora o de otras maneras, sin el permiso de los editores.

Traducido al español por: Nellyda Pablovsky

Reconocimientos especiales por la autorización de reproducción (o adaptación) de los siguientes artículos en la edición inglesa y traducidos al castellano:
"Explaining the 10/40 Window" por Luis Bush, tomado de *The Great Commision Handbook*, © 1994. Usado con permiso de Berry Publishing, Evanston, Ill.
"11,000 Reasons Why Jesus Won't Come Back Yet" por Fred Markert, de *The Last Days Magazine*, Vol. 16.2 © 1993, impreso con permiso de Last Days Ministries, Lindale, Texas.
"Intercessors and Cosmic Urban Spiritual Warfare" por Viv Grigg, de International Journal of Frontier Missions, Vol. 10.4 © 1993.
Usado con permiso.

Producto 498627
ISBN 0-7899-0145-5
Impreso en Colombia

Printed in Colombia

Dedicatoria

A los creyentes y obreros en las 100 ciudades de acceso

CONTENIDO

Introducción 7

Prólogo 9
      Por Michael Little
      Presidente de Christian Broadcasting Network

¿Qué es la ventana 10/40? 11
      Por Luis Bush
      Director Internacional de A.D. 2000 & Beyond Movement

El desafío de la ventana 10/40 17
      Por Fred Markert
      Director de Strategic Frontiers, Youth With a Mission

La guerra espiritual y los pobres en las ciudades de acceso 23
      Por Viv Grigg
      Director de Urban Leadership Foundation

Viajes de oración a las ciudades de acceso 29
      Por Peter Wagner
      Profesor del Fuller Seminary School of World Mission

Clave de las reseñas 35

Reseña de las 100 ciudades de acceso 37
      Sección 1:   EL NORTE DE AFRICA   37
      Sección 2:   El ORIENTE MEDIO   61
      Sección 3:   ASIA CENTRAL   85
      Sección 4:   ASIA ORIENTAL   111

Lista de recursos 146

Introducción

En octubre de 1993 hubo más de veinte millones de cristianos en ciento cinco naciones que oraban por sesenta y dos naciones de la Ventana 10/40. El resultado fue la iniciativa de oración mundial más grande de la historia de la Iglesia. La Estela de Oración Unida de «A.D. 2000 & Beyond» designó al mes de octubre para el proyecto Penetrando la Ventana Mediante la Oración II. El foco de esta iniciativa de oración es las cien ciudades clave de sesenta y cuatro naciones de la Ventana 10/40. Cada ciudad es un centro estratégico de índole económico, político y espiritual de su respectiva nación o provincia (en el caso de la China y la India). Se tomó la decisión de publicar un libro con los perfiles de las ciudades para facilitar la oración de los treinta a cuarenta millones de intercesores que se espera participen, y este volumen es el resultado. Aunque octubre sea el mes de oración que se ha determinado, esta guía ha sido preparada para la intercesión continua por las ciudades clave. Las tinieblas espirituales sobre estas ciudades hace que esta iniciativa no sea el final sino tan sólo el comienzo de la batalla.

Esta guía para orar por cien ciudades clave es el producto del trabajo de un equipo mundial. Los obreros, muchos de los cuales deben permanecer anónimos debido a sus delicadas tareas, dieron información de primera mano acerca de sus respectivas ciudades. Hubo agencias, organizaciones y denominaciones que trabajan en las ciudades clave y en los países de la Ventana 10/40 que también aportaron datos reflejados en estas páginas. Esto comprende estadísticas relativas a la pobreza y a la iglesia como asimismo los puntos de oración por cada ciudad. Tal información es lo que da tanto valor a esta guía. Resulta imposible nombrar a cada contribuyente, porque quizás alguno sería pasado por alto. Sin embargo, el cuerpo de Cristo de todo el mundo agradece su aporte a cada uno de ustedes y sus labores serán recompensadas en el cielo.

También debe darse reconocimiento a Patrick Johnstone y su *Operación Mundo*. Este valioso recurso ha sido una fuente constante para toda la preparación de este volumen y ha dado información acerca de puntos de oración cuando faltaba otra información. Otra referencia a mano ha sido el notable programa CD-Rom llamado *Global Explorer* producido por DeLorme Mapping.

También expresamos nuestro agradecimiento a Luis Bush, Fred Markert y Viv Grigg por el permiso para reimprimir sus artículos. Ellen Chappell, Debbie Lee y Mary Temple han dado valioso apoyo editorial.

El Proyecto Caleb y la Christian Broadcasting Network (Red de Radioemisoras Cristianas) han dado igualmente un importante apoyo administrativo.

Por último, debemos reconocimiento al comité de Penetrando la Ventana Mediante la Oración II, que ha supervisado la producción de este volumen. Sus nombres y los ministerios que representan son:

Michael Little, director del comité, y presidente de Christian Broadcasting Network, Virginia Beach, Virginia; Joseph Garlington, pastor titular de Covenant Church of Pittsburgh, Pittsburgh, PA; Ted Haggard, pastor titular de New Life Church, Colorado Springs, Colorado; Fred Markert, director de Strategic Frontiers, de Youth With a Mission, Colorado Springs, Colorado; Myles E. Munroe, presidente y pastor titular de Bahamas Faith Ministries, International, Nassau, Bahamas; Beverly Pegues, coordinadora de Christian Information Network, Colorado Springs, Colorado; John Quam, coordinador nacional de Mission America 2000, Minneapolis, Minnesota; C. Peter Wagner, profesor de la Escuela de Misión Mundial del Seminario Fuller y coordinador de la Estela de Oración Unida de A.D. 2000, Pasadena, California; Doris Wagner, directora ejecutiva de la Estela de Oración Unida de A.D. 2000, Pasadena, California; y John Warton, Jr., vicepresidente ejecutivo de la Asociación Evangelizadora Luis Palau, Portland, Oregon; y Mark Wilson, coordinador de Christian Broadcasting Network, Virginia Beach, VA.

Los Editores

Prólogo
Michael Little

En medio del actual estilo de vida de rápido ritmo y de tecnología avanzada, ¡qué privilegio es unirse en oración por cien de las ciudades menos evangelizadas! Pero, ¿cuál es sentimiento del corazón de Dios hacia los residentes, que están entre los más necesitados del mundo, espiritual y materialmente? Muy aplicable a nuestra época es el capítulo 3 de 2 Pedro, donde Dios revela su corazón y los puntos donde debieran estar nuestros corazones de creyentes consagrados en el Señor Jesucristo.

El énfasis que Pedro pone en el hecho del regreso de Jesús y la forma en que debiéramos, por lo mismo, vivir y pensar, separa los principios populares temporales de «vivir para ahora» de aquellos que son eternos. Además, las traducciones contemporáneas usan una idea repetida tres veces en los versículos 12, 13 y 14 —«esperando, esperamos, en espera»— que habla del día en que El regresará y nosotros, sus seguidores, estaremos con él.

Pedro dice que esta actitud de creciente expectativa debe resultar en una vida espiritual más disciplinada, pero dice, muy significativamente, en el versículo 12, que podemos efectivamente acelerar o «apresurarnos» para la venida, refiriéndose al día de su regreso.

Es un concepto y una responsabilidad sobrecogedores: que nosotros podamos influir tan espectacularmente en tal suceso por nuestras actitudes y acciones. Esto concuerda con Mateo 24:14, donde Jesús dice que su regreso depende del cumplimiento de la Gran Comisión:

Y será predicado este evangelio del reino en todo el mundo, para testimonio a todas las naciones; y entonces vendrá el fin.

La tarea monumental de motivar a la iglesia para que cumpla la Gran Comisión puede ser abrumadora. Sin embargo, Jesús nos enseñó que El es quien lleva la carga. El deber y el privilegio de nosotros es orar y conversar con El de estas tremendas responsabilidades. No obstante, debemos ser específicos en nuestras oraciones.

- Tenemos que orar por obreros para la mies (Mateo 9:36-38).
- Tenemos que orar por los cambios necesarios en nosotros mismos que El quiere realizar para sus propósitos (2 Pedro 3:14-18).

- Tenemos que orar para que veamos al mundo con el amor y la compasión de Dios, como lo hizo el estadista cristiano Bob Pierce, que oraba para «que nuestros corazones se quebranten con las cosas que quebrantan el corazón de Dios».

Desde nuestro punto de vista humano los medios físicos para alcanzar al mundo son «factibles». Existe la tecnología para penetrar toda barrera geográfica y política. La transmisión radial en onda corta ha alcanzado a todo el mundo desde hace décadas. La entrega vía satélite de señales de televisión es ahora mundial. El noticiero CNN de la televisión demuestra la saturación de todo el orbe al tener acceso por satélites estacionados a cada país de la tierra.

La Christian Broadcasting Network, (Red de Radioemisoras Cristianas), donde yo sirvo, produce y distribuye ahora programas innovadores para televisión en más de treinta y cinco idiomas en cincuenta naciones. Igual que muchos otros ministerios, organizaciones y denominaciones, la CBN se dedica a evangelizar a todo el mundo. Conocemos la importancia de las sociedades y disfrutamos del fruto de muchas alianzas estratégicas. Podemos ver, pues, en el ámbito práctico cuán «fácil» es alcanzar a todos los no alcanzados.

¡Pero la nuestra es una batalla espiritual para la cual la oración es la única respuesta! Con Penetrando la Ventana Mediante la Oración II, nos entusiasma tomar parte en motivar e inspirar a otros para que oren, especialmente en octubre, por las ciudades menos evangelizadas de la Ventana 10/40.

Debemos concentrarnos en nuestras vidas y en nuestras metas espirituales a la vez. Esta iniciativa de oración patrocinada por la Estela de Oración Unida A.D. 2000 & Beyond nos da ese necesario enfoque. El comité desea que esta guía le sirva para orar por las cien ciudades estratégicas. Gracias por unirse a nosotros, ya sea desde su hogar o con su presencia, mientras procuramos que venga el reino de Dios y su voluntad sea hecha en los pueblos no alcanzados de estas ciudades estratégicas.

¿Qué es la Ventana 10/40?
Luis Bush

¡El núcleo de la gente no alcanzada de nuestro mundo vive dentro de una ventana [marco] rectangular! Es un cinturón que se extiende desde el occidente de Africa hasta el este de Asia, entre los grados 10 y 40 al norte del ecuador. Si tomamos en serio la responsabilidad de dar una oportunidad válida a toda persona y ciudad de experimentar el amor, la verdad y el poder salvador de Jesucristo, no podemos cerrar los ojos a la realidad de que debemos concentrarnos en esta región del mundo que puede ser llamada «la Ventana 10/40».

Importancia histórica

¿Por qué los cristianos consagrados deben enfocarse en la Ventana 10/40? Primero, por la significación bíblica e histórica de esta parte del mundo. Fue en la Ventana 10/40 que encontramos el relato de Adán y Eva. El plan de Dios para el hombre, como está manifestado en Génesis 1:26, tenía que ver con el dominio. El hombre tenía que «señorear» o resguardar el paraíso de Dios y tener dominio y sojuzgar la tierra.

En el libro del Génesis leemos el relato histórico de la caída del hombre, cuando Adán y Eva fracasaron en resguardar el paraíso de Dios y renunciaron al derecho de gobernar la tierra. Luego sobrevino el diluvio seguido por la edificación de la torre de Babel, hechos que tuvieron lugar, ambos, en la Ventana 10/40. Este esfuerzo del hombre por unirse para desafiar a Dios resultó en la introducción de los diferentes idiomas, el desparramo de la gente y la formación de las naciones.

La historia antigua se desarrolló en el territorio demarcado por la Ventana 10/40, desde la cuna de la civilización en Mesopotamia, a través de la Medialuna Fértil, hasta Egipto. Los imperios antiguos llegaron y se fueron. El destino de Israel, el pueblo de Dios, subió y bajó dependiendo de su obediencia al pacto con su Dios. Aquí Cristo nació, vivió su vida, murió en la cruz y resucitó.

No fue sino hasta el segundo viaje misionero del apóstol Pablo, hacia el final del registro bíblico, que los sucesos de la historia divina empezaron a ocurrir fuera del territorio identificado como la Ventana 10/40. El hecho de que una parte tan grande de los tratos de Dios con la humanidad tuvieran lugar en el pedazo de la tierra abarcado por la Ventana 10/40 es para el cristiano consagrado una razón importante para enfocarse en ella.

Pueblos no evangelizados

Hay una segunda razón para que los cristianos consagrados se enfoquen en la Ventana 10/40. Aunque esta es sólo un tercio de la superficie total de la tierra, casi dos tercios de la población del mundo residen aquí. Esta gente vive en sesenta y cuatro países. Estos abarcan estados soberanos tanto como territorios dependientes no soberanos. Solamente se incluyen aquellos países que tienen una mayoría significativa de su superficie dentro de la Ventana 10/40.

Cuando se superponen los cincuenta y cinco países menos evangelizados sobre los países de la Ventana 10/40, vemos de inmediato que casi coinciden. Efectivamente, noventa y siete por ciento de los tres mil millones de personas que viven en los cincuenta y cinco países menos evangelizados, viven en la Ventana 10/40. Esto constituye el corazón del desafío de alcanzar a los no alcanzados.

Debemos pensar en la misión de Cristo, que vino a buscar y salvar al perdido, como lo enseñan las parábolas de la oveja perdida y la moneda perdida. Cristo realizó grandes esfuerzos para sanar, restaurar y salvar tan sólo a una persona. Debemos considerar el mandato de Cristo de predicar el evangelio a toda criatura, hacer discípulos de todas las naciones, y ser sus testigos hasta lo último de la tierra cuando pensamos en esta gente que vive en la Ventana 10/40.

El corazón del Islam

Una tercera razón para que los cristianos consagrados se concentren en la Ventana 10/40 es que ésta es el corazón del Islam. El norte de Africa y el Oriente Medio representan el núcleo de la religión islámica. Los adeptos de la religión islámica están aumentando, como lo sugiere el creciente número de los que peregrinan a La Meca. Sin embargo, al mismo tiempo, se informa que muchos musulmanes —al estudiar a fondo el Corán— han descubierto que Jesucristo es el profeta mayor que describe el Corán y no Mahoma.

Debemos pedir a Dios que al igual que Europa Oriental reconoció que la ideología atea del comunismo no resistía la prueba del tiempo, así también los «ojos» y los «corazones» de los musulmanes sean abiertos a la verdad.

Tres bloques religiosos

Una cuarta razón para enfocarse en la Ventana 10/40 es que ahí se ubican los tres bloques religiosos principales. Está el bloque musulmán con 706 millones de personas, o veintidós por ciento de los 3.140 millones que viven en la Ventana 10/40. Está el bloque hindú con 717 millones, o veintitrés por ciento de los que viven en la Ventana 10/40. Y está el bloque budista con 153 millones, cifra que se aproxima a cinco por ciento.

El 6 de mayo de 1990, el periódico *Jordan Times* de Amán, capital de Jordania, publicó un informe acerca de Argelia titulado «El colapso del comunismo debilitará al Islam». En una conferencia referente al futuro del Islam, el escritor egipcio Fahmi Howeide sostenía que «el mundo islámico está marginado en un nuevo mapa». Howeide se hallaba entre cuarenta eruditos y líderes políticos de diez países árabes que asistieron a la conferencia. El dijo:

«El cristianismo ha sido regenerado en Europa Oriental.... Los cambios de Europa Oriental mostraron que el modelo liberal de sociedad ... basado en los principios cristianos y capitalistas, estaban barriendo al mundo. Al Islam aún le falta presentar una alternativa viable».

Los pobres

La quinta razón para enfocar nuestra atención en la Ventana 10/40 es que los pobres están ahí. Efectivamente, más de ocho de cada diez de las personas más pobres, que tienen un promedio de producción nacional bruta de menos de quinientos dólares por persona al año, viven en la Ventana 10/40. Más de la mitad de la población mundial vive en la pobreza con menos de un promedio de quinientos dólares por persona. De éstas, 2.400 millones viven en la Ventana 10/40. Pese a este hecho, sólo ocho por ciento de todos los misioneros trabajan entre estos pueblos.

En el libro *Target Earth*, Bryant L. Myers, de Visión Mundial y MARC, escribió un artículo titulado «¿Dónde están los pobres y perdidos?» Myers sugería que «los pobres están perdidos y los perdidos son pobres». El llegó a esa conclusión luego de observar que la mayoría de los no alcanzados viven en los países más pobres del mundo.

Como cristianos de unos 170 países reunidos en Lausana II en Manila, expresamos una preocupación de todo corazón por los materialmente pobres del mundo en la segunda sección del «Manifiesto de Manila». El documento dice: «De nuevo hemos tenido que encarar el énfasis de Lucas de que el evangelio es las buenas nuevas para los pobres (Lucas 4:18; 6:20; 7:22), y nos hemos preguntados qué significa esto para la mayoría de la población del mundo que está desposeída, sufriendo y oprimida. Se nos ha recordado que la ley, los profetas y los libros sapienciales y la enseñanza y el ministerio de Jesús, todos, ponen de relieve la preocupación de Dios por el materialmente pobre, y a nosotros nos corresponde el deber de defenderlos y cuidarlos».

Hay una notable coincidencia entre los cincuenta países más pobres del mundo y los países menos evangelizados del mundo. Efectivamente, setenta y nueve por ciento de la gente más pobre está también en los países menos evangelizados del mundo. Cuando uno los relaciona con la Ventana 10/40 se ve que noventa y nueve por ciento de estos pobres menos evangelizados —2.300 millones— viven en la Ventana 10/40. Solamente seis por ciento de la fuerza misionera trabaja ahora entre estos, que constituyen cuarenta y cuatro por ciento de la población mundial. Esto, ciertamente, es el mayor desafío de este década para el cristiano consagrado.

Calidad de vida

Hay una sexta razón para enfocarse en la Ventana 10/40. Se refiere a la calidad de la vida. Una manera de medir la calidad de la vida ha sido combinar tres factores variables: expectativa de vida, mortalidad infantil y alfabetización. Más de ocho de cada diez personas que viven en los cincuenta países del mundo que tienen la calidad de vida más baja también viven en la Ventana 10/40. Esto representa cuarenta y siete por ciento de la población, aunque sólo ocho por ciento de la fuerza misionera extranjera trabaja entre estos pueblos. Más de nueve de cada diez de estas personas viven en países hindúes o musulmanes.

El salmista escribió: «Bienaventurada la nación cuyo Dios es Jehová» (Salmo 33:12). Ciertamente, al comparar la relación de la calidad de la vida en la Ventana 10/40 con la de aquellos países que tienen un porcentaje mayor de cristianos, se hace evidente que el Señor Dios bendice a la nación que se vuelve a El. Sin embargo, a su vez, El espera que la nación bendecida sea una bendición para otras naciones, como dice en el Salmo 67:1-2: «Dios tenga misericordia de nosotros, y nos bendiga; haga resplandecer su rostro sobre nosotros; para que sea conocido en la tierra tu camino, en todas las naciones tu salvación».

Fortaleza de Satanás

¿Por qué los cristianos consagrados tienen que concentrarse en la Ventana 10/40? Porque es una fortaleza de Satanás. La gente que vive en la Ventana 10/40 ha sufrido no sólo hambre y una calidad inferior de vida comparada con el resto de la humanidad, sino que también se ha visto privada del poder del evangelio transformador, dador de vida y que cambia a las comunidades.

Las Escrituras dan a entender claramente por los escritos del apóstol Pablo que: «el dios de este siglo cegó el entendimiento de los incrédulos, para que nos les resplandezca la luz del evangelio de la gloria de Cristo, el cual es la imagen de Dios» (2 Corintios 4:4).

En la misma carta el apóstol escribe en 10:3-4: «Pues aunque andamos en la carne, no militamos según la carne; porque las armas de nuestra milicia no son carnales, sino poderosas en Dios para la destrucción de fortalezas». Observando atentamente la Ventana 10/40 se hace evidente que Satanás ha establecido una fortaleza territorial con sus fuerzas para impedir el avance del evangelio en ese territorio.

Tenemos que aumentar significativamente nuestros esfuerzos en esta década para alcanzar a los que están en la Ventana 10/40. Si deseamos ser fieles a la Biblia y obedientes al mandato de Cristo, si deseamos ver el establecimiento de un movimiento fundador de iglesias con mentalidad misionera en cada pueblo y ciudad no alcanzados en el año 2000, si deseamos dar a todas las gentes una oportunidad válida para experimentar el amor, la verdad y el poder salvador de Jesucristo, debemos llegar al núcleo de los no alcanzados: la Ventana 10/40.

El desafío de la Ventana 10/40
Fred Markert

Con tu sangre nos has redimido para Dios, de todo linaje y lengua y pueblo y nación.

Apocalipsis 5:9

En casi todas las ocasiones en que la Biblia menciona la palabra «naciones» no se refiere a países políticos como Francia, la India o Australia sino a pueblos. Las naciones bíblicas son grupos de personas como los serbios de Yugoslavia, los curdos de Irak, los navajos de los Estados Unidos o los pitjanjara de Australia. Se calcula que hay unos 24.000 grupos étnicos distintos en el mundo de hoy.

Mateo 24:14 refleja la tenacidad de Dios para cumplir su propósito central de alcanzar a todas las naciones: «Y será predicado este evangelio del reino en todo el mundo, para testimonio a todas las naciones; y entonces vendrá el fin». La palabra original, griega, que se traduce como «naciones» significa realmente «grupos étnicos» o «pueblos». Pueblo equivale a cualquier agrupación que tenga características específicas como ubicación geográfica, idioma, religión o cultura.

¿Cuánto hemos progresado en los últimos 1.000 años para cumplir la meta de Dios de llegar a todos los pueblos? Hemos alcanzado con el evangelio a 13.000 de estos pueblos pero todavía quedan 11.000 que aún no lo han oído. Independientemente de cuál sea la teología que usted tenga de los tiempos postreros, Jesús nos dijo que el fin nunca vendría a menos que todos los pueblos hayan tenido la oportunidad de oír el evangelio.

Una promesa de bendición

La meta de Dios desde el comienzo del tiempo fue que la humanidad llenara la tierra y la gobernara mientras disfrutaba de una íntima relación con El. Esta situación ideal quedó deshecha cuando el pecado entró en el mundo, y convirtió nuestro planeta perfecto en una zona de rugiente guerra. Aunque el hombre le dio la espalda intencionalmente a Dios, el amante Creador seguía deseando relacionarse con su creación. Toda la historia es el relato de su plan para realizar eso —y la historia empieza con un hombre.

Cuando Dios comenzó a buscar a alguien cuyo corazón estuviera abierto a El, quedó impresionado con Abraham. En Génesis 12:2-3 Dios le promete a Abraham: «Haré de ti una nación grande ... y serán benditas en ti todas las familias de la tierra».

Esta promesa es reafirmada a Abraham e Isaac (Génesis 22:18; 26:4) al Dios formular el pacto solemne con Abraham de que «en tu simiente serán benditas todas las naciones de la tierra». Esta bendición sería cumplida definitivamente por medio de Jesús, que vino a reconciliar a toda la gente con Dios. Jesús fue enviado a conseguir que todos los pueblos le conocieran.

La Ventana 10/40

La parte del planeta menos tocada por el evangelio es llamada «la Ventana 10/40». Es una zona que se extiende en general entre los grados 10 y 40 al norte del Ecuador a 40 y abarca desde el occidente de Africa hasta el este de Asia. Noventa y cinco por ciento de los no evangelizados y ochenta y cuatro por ciento de los pobres del mundo viven allí, como también la mayoría de los musulmanes, hinduistas y budistas del mundo.

Estos grupos no son masas de gente sin rostro sino individuos a quienes Dios ama íntimamente. El conoce a los puku-geeri-keir-wipsi de Nigeria, los bozos de Malí, los hwla de Togo y a los the de Laos. El no quiere que ninguno de ellos perezca, sino que todos procedan al arrepentimiento (2 Pedro 3:9).

Trágicamente, la mayoría de estos pueblos no tienen acceso al evangelio en absoluto. No tienen Biblias, ni literatura cristiana ni programas de radio o televisión. No hay nadie que les hable. Nunca irán al Señor si alguien no les lleva el evangelio. Sí, tenemos necesidades en casa, pero la única forma en que los puku-geeri-keri-wispi oigan el mensaje alguna vez es que los cristianos salgan de sus propios países a fin de alcanzarlos.

Sólo los hechos...

La población del mundo puede dividirse en tres segmentos:
- El mundo cristiano —esa parte que ha escuchado el evangelio y ha sido grandemente influida por ello (1.870 millones).
- El mundo no cristiano evangelizado —esa parte en que hasta cincuenta por ciento de la gente ha sido evangelizada pero todavía resisten (2.520 millones).

- El mundo no evangelizado — esa parte que nunca ha oído el evangelio y que suele estar lejos de los cristianos en lo geográfico, cultural y lingüístico (1.900 millones).

Estrategia versus tácticas

Un pastor me preguntó recientemente: «¿Por qué debiéramos dedicar dinero, personal y oración a alcanzar a los musulmanes de Africa y del Oriente Medio cuando mi ciudad está tan necesitada y hay tantos aquí que no conocen a Jesús? Los musulmanes no afectan a mi ciudad». Aunque la gran mayoría de nosotros no tengamos mucho contacto con los musulmanes, ellos siguen teniendo impacto en nosotros. Muchos de ellos tienen una estrategia para tomar el mundo, incluso la ciudad suya. Ellos tienen una estrategia para el planeta entero aunque nosotros estemos, muchas veces, considerando sólo tácticamente una batalla de la vasta guerra planetaria: la batalla por nuestra ciudad en particular.

Si los cristianos siguen pensando y operando meramente a un nivel táctico local, estaremos constantemente a la defensiva, reaccionando a los avances del enemigo en lugar de establecer el ritmo de la guerra. Perderemos la batalla de esta generación en todo el mundo. Sin embargo, si pensamos y actuamos estratégicamente por el poder del Espíritu Santo, continuaremos viendo poderosas victorias para el reino de Dios. Veremos que se completa la Gran Comisión en nuestra generación.

Pensar estratégicamente supone que la prioridad más evidente es implantar el evangelio en cada uno de los 11.000 pueblos no alcanzados que no tienen acceso a las buenas nuevas a menos que alguien se las lleve. El foco de nuestra estrategia evangelizadora del mundo debe ser el de establecer en cada pueblo una iglesia firme que crezca y madure espiritualmente y llegue a evangelizar oportunamente a toda la gente del pueblo.

En la promesa de Dios a Abraham de Génesis 12:2-3, El dijo: «Te bendeciré ... y serán benditas en ti todas las familias de la tierra».

Dios quiere bendecirle a usted, pero quiere asimismo bendecir a otros 11.000 pueblos a través de usted. Ya sea un estudiante universitario o un obrero de la construcción, usted puede orar, dar e ir.

Abrir los ojos cegados

Pablo dijo:
> El dios de este siglo cegó el entendimiento de los incrédulos para que no les resplandezca la luz del evangelio de la gloria de Cristo, el cual es la imagen de Dios.
>
> (2 Corintios 4:4).

Jesús dijo: ¿Cómo puede alguno entrar en la casa del hombre fuerte, y saquear sus bienes, si primero no le ata?

(Mateo 12:29).

La batalla por las almas no será ganada meramente por levantar fondos y enviar personas. Podemos tener las mejores estrategias, equipo y misioneros, pero Dios es el único que puede quitar la ceguera de los ojos de la gente. Eso se logra por orar sin cesar (1 Tesalonicenses 5:17). En otras palabras, debemos seguir orando por la asignación en particular que el Señor nos dé, hasta que veamos los resultados victoriosos.

¡Pídeme el mundo!

Dios dijo: «Pídeme, y te daré por herencia las naciones, y como posesión tuya los confines de la tierra» (Salmo 2:8). Las oraciones específicas y fervorosas del pueblo de Dios que le piden las naciones por nombre ha sido un elemento clave en producir este especial momento *kairos* alrededor del mundo.

Durante años, hemos enfocado nuestras oraciones y esfuerzos hacia el alcance de las comunistas Europa Oriental y la Unión Soviética. Ahora estamos viendo las respuestas a todas esas oraciones. ¿Por qué están pasando cosas tremendas en Arabia Saudí y Kuwait? Durante la guerra del Golfo Pérsico hubo familiares y amigos de nuestros soldados que oraron por esa zona. Empezamos a orar y Dios empezó a abrir los ojos del pueblo de esas tierras.

Palabras de oración

A comienzos del siglo catorce hubo un catalán, llamado Raimundo Lulio, que tenía una carga por el mundo musulmán y se fue a vivir y predicar entre los musulmanes de Bugía, Argelia. El fue el primer misionero cristiano a los musulmanes. Luego de varios años llegó a ser el primer mártir cristiano entre los musulmanes.

Desde 1960 Dios ha guiado a grupos de cristianos de todo el mundo a ir a Bugía para oración y guerra espiritual. Ellos sintieron que Dios decía que no tenían que predicar sino orar. Recientemente todo aldeano de Bugía se ha vuelto cristiano después que Jesús se apareció a cada uno de ellos en sueños en la misma noche. El «terreno» espiritual había sido preparado por medio de la oración, la ceguera de ellos fue quitada, y el reino de Dios pudo avanzar y saquear la casa del hombre fuerte.

Pero si tan sólo lo hiciéramos

¿Por qué son las naciones de Senegal, Bután, Chad y Azerbaiján tan reacias al evangelio? Porque muchos de nosotros nunca hemos oído de ellas, así que no hemos estado orando por ellas —sus ojos siguen cegados por el dios de este siglo—. Si deseamos participar en lo que Dios está haciendo hoy en el mundo, tenemos que elevar oraciones específicas. Usted puede entusiasmarse con esta cosecha *kairos* adoptando a una de estas ciudades de acceso en su oración diaria, sin cesar hasta que sea alcanzada con el evangelio. Santiago 5:16 declara que «la oración eficaz del justo puede mucho». Puede que no podamos ver de inmediato los resultados de nuestras oraciones, pero Dios ha prometido que serán eficaces.

Poniendo nuestro tesoro donde está el corazón de Dios

Si entendemos la prioridad de alcanzar a los pueblos no evangelizados de las ciudades, esto se evidenciará por lo que demos como también por nuestro orar. Las investigaciones muestran, sin embargo, que la mayoría de los cristianos nacidos de nuevo no diezman con regularidad. No estamos aportando tanto ni tan sabiamente como debiéramos.

- Los cristianos dan 157.000 millones de dólares anualmente a las iglesias y a las agencias misioneras. De esa cifra, 94% se usa en el mundo cristiano, 5,5% en el mundo no cristiano evangelizado, y sólo 0,5% en el mundo no evangelizado.

- Respaldamos 308.000 misioneros que trabajan fuera de los Estados Unidos. De ellos, 90% trabajan en el mundo cristiano, 8,1% en el mundo no cristiano evangelizado, y sólo 1,1% (3.400 personas) están trabajando para alcanzar a los 1.190 millones del mundo no evangelizado.

- De los tres mil millones de dólares que se gastan anualmente en patrocinar programas de televisión y radio, 99,9% se usa en el mundo cristiano, 0,09% en el mundo no cristiano evangelizado y sólo 0,01% en el mundo no evangelizado.

Esto no significa que dejemos de dar dinero a nuestras iglesias o a los ministerios que conocemos y apoyamos, sino que debemos ser buenos mayordomos. Esto significa que debemos aumentar lo que damos para las fronteras misioneras como asimismo revisar cuidadosamente dónde se están usando nuestras donaciones actuales. La Biblia dice en 1 Samuel 30:24 que «conforme a la parte del que desciende a la batalla, así ha de ser la parte del que queda con el bagaje; les tocará parte igual». Cualquiera que sea su parte en la Gran Comisión, usted tendrá la misma recompensa de aquellos que están en las líneas del frente.

Carpe Aeternitas

En el año 23 A.C., el poeta romano Horacio acuñó una frase que ha llegado a ser el grito de batalla del hombre secular moderno: *«Carpe Diem. Quam minimum credula postero»* —«Aprovecha el día. No confíes en el mañana»—. En la iglesia debemos asumir como nuestro grito de batalla *«Carpe Aeternitas»* —«¡Echa mano de la eternidad!»

Podemos hacer esto orando por sus nombres por las ciudades de acceso y por los pueblos no alcanzados de ellas, asegurándonos de que nuestros recursos se estén usando sabiamente, y por ir personalmente a ellas, por corto o largo plazo. Dios nos ha echado encima esta batalla al desatar esta notable temporada de cosecha. Cada uno de nosotros debe desempeñar su parte como soldado de la cruz (2 Timoteo 2:3-4) en esta hora crucial. ¡Levantémonos hoy a la acción para que mañana no tengamos que mirar retrospectivamente esta temporada *kairos* con nostalgia por lo que pudo haber sido!

La guerra espiritual y los pobres en las ciudades de acceso
Viv Grigg

Esta mañana mi amigo, un líder político de una ciudad asiática que está exiliado, me dijo que el Señor le había dicho que destruyera el negocio de la prostitución en su ciudad. Lloré solo, en la tranquilidad de mi oficina. Durante ocho años había esperado que Dios respondiera oraciones y levantara un hombre así.

Para el año 2000 habrá más de 400 ciudades con más de un millón de habitantes y más de 300 de ellas podrán clasificarse como no evangelizadas. De treinta a noventa por ciento de los habitantes de cada ciudad viven en tugurios, barrios de chabolas y terrenos ocupados ilegalmente. A medida que van llegando los datos de todo el globo terráqueo, encontramos que hay iglesias en la mayoría de estas ciudades, pero pocas tienen creyentes e iglesias suficientes para evangelizar eficazmente a su ciudad. Durante muchos años he tenido el privilegio de caminar con mi familia siguiendo al Señor por el lado oscuro de los barrios pobres de las grandes ciudades del tercer mundo e interceder por muchas de estas ciudades.

Hoy avanzamos hacia la cuarta era del movimiento misionero moderno: alcanzar las ciudades. En la última década, más de mil millones de personas se han precipitado por caminos rurales hacia múltiples carreteras de concreto para ir a parar en la ciudad y sus barrios de chozas. Casi todo el aumento de la población que habrá en las próximas décadas será urbano y de gente que ha emigrado a la ciudad mientras que el crecimiento de la población rural permanecerá estático. La mayoría de la gente estará en tugurios y terrenos ilegalmente ocupados de las afueras de las ciudades. La penetración de las ciudades y estas comunidades pobres urbanas definen el blanco de las misiones para las siguientes décadas. El futuro de las misiones es urbano y especialmente entre los pobres.

Jesús: La intercesión personificada

Dado los contextos de la urbanización, la diversificación y empobrecimiento masivos de las poblaciones de las ciudades, ¿cuál es nuestra meta al orar? Miremos al Maestro para hallar las respuestas.

El vino a predicar el reino de Dios. Predicar, enseñar, sanar y liberar fueron sus actividades principales. El entrenó a sus discípulos en las mismas cuestiones fundamentales. *Debemos orar por obreros para la siega que puedan hacer lo mismo* (Mateo 9:37-38). En Lucas 4:18 El declara que el enfoque de su misión, y de la nuestra, es predicar las buenas nuevas a los pobres. La beligerancia espiritual implica entrar en la pobreza de los pobres, pues ese fue el modelo que nos dejó aquel que ahora intercede por nosotros.

El costo de la penetración espiritual

El había ayudado con el idioma a un hombre de Dios extranjero. Un día rehusó dar dinero para la *puja*, la celebración del culto de la diosa. «He estado leyendo este libro santo y dice que debemos tener un solo Dios». Luego huyó del *bustee* (barrio pobre). Dio su vida al único Dios verdadero. Durante aquellos días un tren se estrelló en la comunidad; dos casas se incendiaron. La gente dijo que era por que él se había vuelto en contra de la diosa de ellos —quizás lo fuera, pues ellos debían de saberlo—. El hermano a quien enseñó el idioma era un hombre de oración, y Dios le habló, estando en oración, a fin de que llevara flores y frutas a las familias de los damnificados por esos sucesos. Cuando lo hizo, el pueblo vio a Dios venir a estar entre ellos.

Así es como el primer barrio pobre de otra ciudad fue penetrado con el evangelio. ¿Cuál fue el costo de la penetración inicial? Un obrero quedó sordo y otra perdió su salud. Quince obreros dieron de tres a siete años de sus vidas con graves enfermedades y frecuentes actividades demoníacas alrededor de ellos. Y detrás de esto, varios cientos de personas estaban orando con regularidad. Hoy en diez barrios pobres están surgiendo grupos de adoradores. ¿Cuál será el costo en la próxima ciudad? Alguien podría tener que dar quince o veinte años de su vida por esta gente, edificando sobre la penetración inicial. Cada paso debe ir bañado por la oración de cientos de intercesores.

Guerra intercesora de alta intensidad

No sólo demográfica sino también teológicamente, el escenario final del conflicto será el de las batallas dentro de las ciudades: entre la novia de Cristo, el pueblo de Dios como la ciudad de Dios y la Babilonia bíblica, que representa a la surgiente red internacional de ciudades: la ciudad misma en conjunto.

Las bajas serán grandes. El nivel de enfrentamiento directo con las potestades será más intenso. George Otis, autor de *Last of the Giants* [El último de los gigantes] destaca el lugar estratégico de Irak (Babilonia) e Irán (el reino de Persia) en el escenario bíblico de los postreros tiempos, que son fortalezas de dos espíritus inmensamente poderosos.

Pero hay otros centros de tremendo poder en la región 10/40. Calcuta es el centro del hinduismo brahamánico y la veneración de Kali; Benarés [Varanasi] es una de las más sacras fortalezas hinduistas de la India. Lhasa tiene sus misteriosas potestades budistas, y a diario un quinto de la población mundial ora vuelta hacia La Meca. Penetrar estas ciudades será difícil, la persecución será intensa y los obreros pueden enfrentarse a la muerte. Las potestades están centralizadas en las ciudades de acceso, controlan países o regiones enteras y procuran extender su influencia a toda la tierra.

Al tiempo que nosotros encaramos un mayor nivel de intensidad en la oposición espiritual, la población del mundo se está trasladando a las ciudades. Aquí la depravación del hombre crea estructuras grotescas que hacen posible que las potestades espirituales inflijan gran destrucción en niveles crecientes. Y así, en general, alcanzar y transformar las ciudades se va volviendo cada vez más difícil.

Ciudades de pactos

Tomar ciudades tiene que ver con restablecer los pactos de las ciudades, destruir los pactos hechos con los demonios y restablecer los pactos con Dios.

La primera ciudad fue edificada por Caín en rebelión contra Dios (Génesis 4:17). Sus descendientes prosiguieron con la edificación de Babilonia (Génesis 11:4-9). Babilonia empieza en las Escrituras como el nombre de una ciudad, pero asume el significado de un principado mucho más grande que cualquier ciudad. Representa un sistema urbano mundial puesto confabulado en contra de Dios. De manera similar, Jerusalén viene a representar no tan sólo la ubicación geográfica de la ciudad de Dios, sino una figura de la ciudad universal donde Dios habita —una ciudad de un pacto.

Hoy, de igual manera, hallamos a Bangkok, la «ciudad de los ángeles». En ceremonias diarias habituales cada porción de su territorio es dedicada a los espíritus, para quienes se construyen pequeñas casas. Calcuta (Kalikata) deriva su nombre de una diosa. Esta ciudad de la muerte es una sierva de la diosa de la muerte y de la destrucción. Tener discernimiento de estas potestades espirituales sirve para prepararse para la batalla. Tanto el discernimiento como la batalla, ocurren a través de la prédica de la Palabra, la palabra de nuestro testimonio, las señales que siguen, y «menospreciar nuestras vidas hasta la muerte».

Aunque el concepto de los principados que habitan sobre los territorios puede inferirse de las Escrituras, la Palabra indica que las categorías bíblicas primarias no son simples tronos y dominios geográficos sino que la guerra es contra las filosofías y las religiones de la gente. A menudo las potestades son «ismos» que tienen un centro territorial. Por ejemplo, Hollywood ha sido el nombre no sólo de un lugar sino de una intrusión demoníaca en los hogares de millones de personas, propagando la vida licenciosa, el adulterio y la inmoralidad como asimismo minando muchas formas de freno de las costumbres sexuales humanas que son necesarias para mantener unida a la familia.

Por medio de la proclamación del evangelio, el reino impacta a las estructuras mismas de las ciudades. Las Escrituras son también consecuentes en que trabajar en pro de la justicia en la sociedad es parte del estilo de vida de una persona justa y, a la vez, sienta las bases para la intercesión.

Colosenses 1:15-20 nos dice que Cristo está por encima de todas las cosas y que domina las estructuras del universo. El mantiene unidas a las ciudades.

Asuntos estratégicos en la intercesión

1. Descubrir el plan de Dios para una ciudad

Dios tiene un propósito para cada ciudad. Dios tiene un plan de combate para cada ciudad. Tarea nuestra es la de discernirlo y entonces caminar con El obedientes. Escuchar la voz de Dios, mantener la unidad, y actuar en el momento oportuno son factores cruciales. Cada paso dado para hallar el plan de Dios es obra del Espíritu, mientras obremos con El. Cada ciudad es diferente y seguirá un patrón distinto con un marco y estilo temporales diferentes. Cada batalla es diferente.

2. Unidad espiritual: La clave de la guerra espiritual

Vincular a los creyentes en torno a una meta común es un elemento central en alcanzar a una ciudad. Esto debe ser generado por el Espíritu Santo. La unidad espiritual de los creyentes es una clave del poder espiritual (ver Hechos 4:32-35). El Espíritu Santo puede no obrar de manera significativa en una situación en que esté contristado debido a la desunión.

3. Teología del quebrantamiento

Si no hay una unidad significativa, el primer paso es unir a los creyentes en oración o en renovación y enseñanza hasta que haya reconciliación y quebrantamiento. Los motines en Los Angeles, por ejemplo, fueron la clave para catalizar el quebrantamiento de la iglesia de esa ciudad. Luego de los disturbios, los coreanos, los hispanoamericanos, los afroamericanos y los angloamericanos se confesaron pública y mutuamente sus pecados y empezaron a trabajar en las cuestiones que les llevarían a transformar juntos la ciudad.

4. Movimientos de oración

La oración genera las visiones de lo que Dios puede hacer en la ciudad y edifica la confianza y relación mutuas. Es un común denominador en torno al cual muchos y variados grupos cristianos pueden trabajar al unísono. La oración a nivel de toda la ciudad, las marchas de oración, las caminatas de oración, las estrategias de oración para los barrios, y los conciertos de oración son algunos de los componentes de tales movimientos de oración.

5. Liberación de las potestades del mundo

Muchos pecados impiden la intercesión eficaz y algunos son prominentes. Penetrar los centros urbanos de riqueza puede requerir la renuncia voluntaria a la riqueza. San Francisco de Asís, rico cuando era joven, ha sido el modelo universal de la pobreza apostólica. Fue su liberación de las potestades de la ambición lo que le capacitó para ascender a niveles de poder espiritual y salvar ciudades enteras.

6. La primera cuestión en la autoridad espiritual

De nuestros sufrimientos Dios nos da un nivel de autoridad para ser parte de la guerra de una ciudad. Jesús dio el principio absoluto de que «si el grano de trigo no cae en la tierra y muere, queda solo [no da fruto]». El fue el ejemplo de ello, pues «aquel Verbo fue hecho carne [se hizo hombre] y habitó entre nosotros». La encarnación entre los pobres libera el poder del Espíritu. Elegir el sufrimiento con los pobres produce el carácter del Espíritu, y hace posible un derramamiento de su poder.

7. Alcanzar a los pobres

Del ministerio de la predicación entre los pobres surgen los líderes espirituales de la ciudad. Estar entre los pobres resulta ser un campo de entrenamiento para entender las estructuras de la ciudad que oprimen al pobre y causan pobreza. Lucas 4:18 nos dice que Dios derrama su Espíritu especialmente sobre tales siervos.

8. Pensar en grupos de personas

La guerra por los pueblos no alcanzados del mundo será peleada en gran medida en las ciudades. Los pueblos no alcanzados se han estado mudando a las ciudades principalmente por razones económicas. Las ciudades se han vuelto uno de los puntos de entrada lógicos para los misioneros que procuran trabajar con gentes diferentes. Se requiere pensar en toda la ciudad para alcanzar a las ciudades. Parte de esto es el desarrollo de un análisis de los pueblos de cada ciudad, pero aunque las ciudades tienen grupos lingüísticos y comunidades étnicas, también tienen grupos económicos y sistemas de clases, castas y muchas otras formas de grupos sociales. La diversidad del enfoque es la vía hacia la evangelización urbana.

Completando la misión

Los recursos para alcanzar a las ciudades con el mensaje del reino de Dios están disponibles. Los obreros potenciales están disponibles. La presencia entre los pobres, la proclamación con poder, y la oración que prevalece siguen siendo las claves para llevar la Gran Comisión a su culminación y producir un movimiento discipulador en cada sector importante de las ciudades de acceso. Debemos ir de la penetración al establecimiento de iglesias, a movimientos de transformación de estas ciudades, y esto antes que regrese el Señor. La intercesión movilizada, enfocada, informada, entrenada y plasmada en el movimiento Penetrando la Ventana Mediante la Oración II es un punto de partida.

Viajes de oración a las ciudades de acceso

C. Peter Wagner

En la década de los noventa Dios ha estado sacando a flote un concepto que, al menos para mí, es fortalecedoramente nuevo. Unos pocos han estado poniéndolo en práctica por un tiempo, pero ahora Dios está mostrando a todo el cuerpo de Cristo cómo orar *en* la comunidad.

Los conciertos de oración, las cumbres de oración, los alertas de oración a favor de la ciudad y muchas otras actividades similares están concebidas para fomentar esencialmente la oración *por* la ciudad. Por ejemplo, yo pertenezco a un movimiento llamado «Ama a Los Angeles», en el cual se juntan los pastores para orar unidos tres veces al año, de 7 a 11 de la mañana en la iglesia presbiteriana Hollywood y, luego, ocasionalmente en el Centro Cristiano Crenshaw de la zona centro sur de Los Angeles, donde están invitados todos los creyentes. Han asistido de 400 a 1.200 pastores y se han reunido hasta 8.000 laicos para orar juntos. Nosotros, los de «Ama a Los Angeles», oramos *por* nuestra ciudad.

Orando en la ciudad

Por algún tiempo he venido sintiendo en mi espíritu que Dios estaba tratando de mostrarnos algo nuevo. No se trata de que lo antiguo fuera malo o que debiera dejarse de lado. Muy por el contrario, nuestras oraciones por la ciudad deben multiplicar su frecuencia e intensidad. No se trata de una cosa o la otra sino de ambas cosas y más.

Tanto me importa, que me costará olvidar que fue en una conferencia acerca del crecimiento de la iglesia, efectuada en la Segunda Iglesia Bautista de Houston, en la primavera de 1992, en la cual oí a Jack Graham, pastor de la Iglesia Bautista Prestonwood, de Dallas, decir exactamente lo que yo sentía que Dios había estado mostrándome:

El avivamiento llegará cuando echemos abajo los muros interpuestos entre la iglesia y la comunidad.

Hoy vivimos en una época de cosecha espiritual sin precedentes que promete aumentar en los años venideros. Jesús dijo que nuestra primera reacción a una cosecha madura es orar (ver Mateo 9:37-38). Si no oramos, el tiempo de segar pasará.

Evangelizar al mundo y a nuestras propias comunidades es una guerra espiritual sin cuartel. La oración es el arma principal que Dios nos ha dado para pelear en esta lid.

Muchas son las clases de oración mencionadas en la Biblia y todas son importantes. Una de ellas es la oración de guerra, o «atar al hombre fuerte». Jesús nos dice que cuando el hombre fuerte ha sido vencido, libera sus bienes, a saber las almas irredentas (ver Lucas 11:20-22).

¿Cómo hacer esto? En la oración de guerra resulta de suma importancia dirigir nuestra oración hacia afuera de los muros de la iglesia en dirección a la comunidad.

Me conmoví profundamente en mi espíritu cuando escuché la poderosa palabra de Jack Graham. Se ha vuelto, lo que creo ser, una palabra profética para todo el cuerpo de Cristo. Mucho de lo que Dios desea hacer en nuestras ciudades en los noventa ocurrirá si obedecemos esta palabra e, inversamente, mucho de lo que Dios desea *no* ocurrirá si desobedecemos.

Me gusta la forma en que lo dijo Jack Graham: «*El avivamiento llegará....*» El avivamiento sólo llega. Nosotros no lo producimos ni lo originamos. Dios manda el avivamiento por su Espíritu Santo.

Pero hay una condición: «*Cuando echemos abajo los muros interpuestos entre la iglesia y la comunidad*». Dios no va derribar esos muros. El podría hacerlo por su soberano poder, pero ha preferido no hacerlo. Imagino que una de las razones podría ser que, en primer lugar, El no los levantó. Toca a nosotros echar abajo esos muros.

Maneras de orar que entusiasman

Dios no sólo nos ha dicho que movamos nuestras oraciones hacia la comunidad sino que también nos ha dado algunas maneras innovadoras de hacerlo que entusiasman. Además, ¡son divertidas! La oración que divierte es un concepto bastante inusitado, pero creo que Dios está cumpliendo para nosotros lo que Pablo escribió a los filipenses: Porque Dios es el que en vosotros produce así *el querer* como el hacer por su buena voluntad (Filipenses 2:13).

Hay cuatro formas de orar en la comunidad que han surgido como las principales actividades cristianas para los años noventa. Puede que vengan más, pero, por ahora, estas son las que nos corresponden:

1. *Marchas de alabanza.* Estas se enfocan primordialmente en las ciudades.
2. *Caminatas de oración.* Estas se enfocan primordialmente en los barrios.
3. *Expediciones de oración.* Estas se enfocan primordialmente en las regiones.
4. *Viajes de oración.* Estas se enfocan primordialmente en las fortalezas.

Un versículo que, yo creo, es una palabra profética para que hoy oremos fuera de nuestras iglesias es Josué 1:3, dado por Dios a Josué cuando éste se preparaba para dirigir al pueblo de Dios hacia la Tierra Prometida. Dios dijo: «Yo os he entregado ... todo lugar que pisare la planta de vuestro pie».

Por medio de esto, creo que Dios nos empuja para que salgamos de nuestras iglesias y vayamos físicamente a nuestras comunidades para orar allí. En la medida en que le obedezcamos estaremos acercándonos más y más al avivamiento que El desea mandar.

En obediencia a Dios, la «Estela de Oración Unida para el 2000» ha designado un mes por año como esfuerzo general del cuerpo universal de Cristo para orar *en* nuestras comunidades. Queremos llevar afuera las plantas de nuestros pies tan regularmente como sea posible. En octubre de 1993 hubo 257 equipos de viajes de oración que viajaron a las sesenta y dos naciones de la Ventana 10/40 a fin de orar «en el terreno con discernimiento» durante una semana cada uno. En junio de 1994, el «Día para Cambiar al Mundo» vio a más de doce millones de creyentes de todos los pueblos, idiomas y naciones en las calles en las Marchas por Jesús en todas las zonas horarias del planeta.

Las Marchas por Jesús seguirán efectuándose cada año desde ahora en adelante, en su mayoría en el sábado anterior al Domingo de Pentecostés del calendario litúrgico.

Octubre será el mes designado cada año para otros énfasis de oración de la Estela de Oración Unida. En octubre habrá numerosos equipos de viajes de oración, con cien intercesores cada uno, que orará (25 por semana) en las cien ciudades de acceso de la Ventana 10/40. Nunca antes en la historia se han movilizado 10.000 intercesores para orar tras las líneas enemigas en forma tan coordinada e informada. ¿Qué son estos viajes de oración?

Viajes de oración

El diablo se preocupa con mucho celo de que se mantengan con toda seguridad las fortalezas que está usando actualmente. Las jornadas de oración son una amenaza directa y franca dirigida al bienestar del enemigo, y él hará todo lo que pueda para oponerse a ellas. Digo esto no para infundir miedo, porque «mayor es el que está en vosotros, que el que está en el mundo», sino para que se tenga el grado apropiado de cautela.

Para realizar un viaje de oración intercesora, una iglesia o ministerio en particular recluta un equipo de oración de, digamos, cinco a diez miembros y los envía a otra ciudad o a otro punto estratégico con el propósito de que oren en el terreno. Veamos un ejemplo:

El ministerio de Alcance Asiático, de Hong Kong, envió hace poco un equipo de cuatro intercesores a Da Nang, Vietnam, en un viaje de oración. Cuando desembarcaron, luego de un viaje de treinta horas en tren, no tenían planes específicos, pero sí tenían un propósito. «Habíamos ido a Da Nang con una meta específica en mente» dice Cao An Dien, uno de los intercesores. «Habíamos ido allá para orar». Ella dice que cuando salieron de Hong Kong no sabían a qué parte de Vietnam los dirigiría el Señor pero que, «a medida que oramos por las ciudades de Vietnam, percibimos una oscuridad en Da Nang, como si allí hubiera algo importante por lo cual orar».

Cuando empezaron a explorar y buscar blancos de oración en el primer día, se detuvieron para desayunar en un pequeño restaurante. El jefe de cocina del restaurante, un vietnamita de origen chino llamado Trung, les dijo que él estaba desempeñando tres empleos a fin de poder ahorrar suficiente dinero para fugarse de Vietnam. No tuvieron oportunidad para presentarle el evangelio, pero sí oraron por él mientras estuvieron en Da Nang. Oraron por la ciudad, oraron en contra de las fortalezas de Satanás que pudieron discernir, oraron por los sesenta y siete grupos no alcanzados del Vietnam, oraron por los cristianos perseguidos allí, y oraron por las personas con las que se encontraban día a día.

Ocho meses después se emocionaron cuando alguien de su equipo, que estaba ministrando en un campo de refugiados vietnamitas ubicado en Hong Kong, ¡se topó con Trung! Entonces ella pudo compartir el evangelio con él y le dejó un libro de devociones en inglés y chino. Seis meses después se lo volvieron a encontrar. Esta vez él estaba radiante. «Me he vuelto cristiano», dijo radiante. «Leyendo este libro de devociones, he llegado a conocer a Jesús como mi Señor y Salvador».

¿Y qué de Da Nang? ¿Tuvo algún efecto el viaje de oración? Cao An Dien dice: «En los meses posteriores a nuestra visita, se informó que la iglesia de Da Nang estaba descubriendo una mayor libertad, puesto que el gobierno ya no los reprimía como antes. Muchos estaban siendo salvados en esta ciudad». Luego agregó algo muy importante para que los guerreros de oración tengan presente: «El Señor estaba respondiendo no sólo nuestras oraciones sino también las de muchas otras personas que estaban sosteniendo a esta ciudad en oración».

El costo de enviar 400 o más equipos de hasta veinticinco personas cada uno al Sudeste Asiático y a Africa del Norte, a la India y al Oriente Medio, a Japón y a otros destinos en la Ventana 10/40, es considerable. Esto plantea una pregunta muy interesante para los líderes de la iglesia y del ministerio: ¿Cuán importante es la oración para la evangelización eficaz? La mayoría de los líderes cristianos dirán: «La oración es el recurso número uno», pero mucho de esto resulta ser simple retórica. Nada demuestra más el nivel real de consagración de las personas que su disposición a comprometer dinero. Dependiendo de muchos factores, costará de 10.000 a 25.000 dólares a una iglesia mandar un equipo de oración intercesora a la Ventana 10/40.

Aquellos que se ofrezcan como voluntarios para una viaje de oración intercesora deben darse cuenta de que no van de vacaciones. No será una semana o diez días de andar mirando y comprando. Será una auténtica aventura en misiones transculturales de corto plazo. Una ventaja es que los participantes no tendrán que aprender el idioma porque puede orar en su propio lenguaje nativo. Sin embargo, en muchos casos la alimentación estará por debajo del estándar, estarán plagados por molestas enfermedades como la diarrea y los resfriados, el cambio de horario brusco, por volar en jets, desequilibrará sus organismos, las instalaciones serán, en algunos casos, austeras, con pocas de las comodidades de casa. Y como esto es guerra espiritual declarada, zonas desafiantes de atrincheramiento demoníaco profundo y de mucho tiempo inevitablemente causarán estragos. Esta no es tarea para corazones medrosos, sino para aquellos pocos que son llamados, fortalecidos y facultados con poder por el Dios Todopoderoso.

Los resultados pueden ser cambios radicales del equilibrio de poder en los lugares celestiales y un derramamiento del reino de Dios en las tierras y ciudades previamente esclavizadas a las tinieblas.

Clave de las reseñas

Cada una de las cien reseñas sigue un formato similar que ofrece el máximo de información en un espacio limitado. La explicación siguiente le capacitará para usar esta información con la máxima eficacia. Cuando no hay información disponible para una categoría, se pone "desconocido".

Día:	El día de oración designado para cada ciudad en el calendario mensual.
Significado:	El significado del nombre de la ciudad.
País:	El país y la provincia (si se aplica) donde está la ciudad. Un asterisco identifica a la ciudad como capital nacional o provincial.
Población:	Datos calculados en 1995 basados en la investigación realizada por Viv Grigg y Leland Brown para la Red de Ciudades de D.C. 2000.

Composición religiosa: Los datos estadísticos son aproximados y puede que no lleguen a cien por ciento. Sin embargo, reflejan los principales grupos religiosos que están activos en la ciudad, y asimismo la fuerza del cristianismo. Información estadística de las ciudades chinas a nivel individual fue inaccesible en la mayoría de los casos, por lo que se usaron estadísticas a nivel nacionales. Aunque estas últimas son inexactas, representan un cuadro generalmente verdadero del estado de la religión en la China actual. Los porcentajes de cristianos representan el número total de los que dicen ser cristianos. Los evangélicos representan a quienes afirman tener una fe personal en Jesucristo, la regeneración por el Espíritu Santo y la inspiración de la Biblia como base de la vida cristiana. (Para una definición más completa, ver el Apéndice 5 de *Operación Mundo*, pp. 719-722).

Condición de la iglesia: Cálculos referentes a las iglesias y/o creyentes en zonas urbanas. Los creyentes se clasifican como indígenas (nacionales) o expatriados (extranjeros).

Principales sitios religiosos: La identificación de estos sitios fue proporcionada mayormente por el Grupo Centinela con la asistencia de Mike McCausland y Charlie Sturges. El Grupo Centinela ha recopilado una lista más completa de estos sitios de poder en el libro *Strongholds of the 10/40 Window*, de George Otis Jr., publicado también por YWAM Publishing (Publicaciones Jucum).

Importancia/historia de la ciudad: Se da un resumen de la historia e importancia de la ciudad. Puede encontrarse más información en guías de viaje, enciclopedias y diccionarios geográficos.

Puntos de oración: Estas son zonas específicas por las cuales orar a pedido de los creyentes y obreros que están en la ciudad. Cada punto es un lugar excelente para empezar a orar por la ciudad. Puede obtenerse información adicional en los periódicos, revistas, publicaciones misioneras y cartas circulares de oración.

Secciones geográficas: Las reseñas de las cien ciudades de acceso están divididos en cuatro secciones geográficas. Estas secciones son arbitrarias y hechas sólo por razones de organización. *Operación Mundo* pone, por ejemplo, algunos de los países de la Ventana 10/40 en diferentes regiones.

Pueblos no alcanzados: En cada división se pone la lista de los principales pueblos no alcanzados con la respectiva ciudad. Esta lista fue preparada por John Gilbert, de la Red de Recursos para Pueblos No Alcanzados, bajo la dirección de su coordinador John Robb.

Penetrando con oración en las 100 ciudades de acceso

EL NORTE DE AFRICA

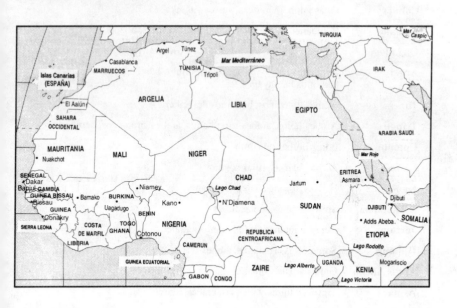

De la Ventana 10/40

21 Ciudades

CIUDAD	PRINCIPALES PUEBLOS NO ALCANZADOS
Casablanca	Arabes marroquíes, beréberes shilhas, rifeños, beréberes arabizados.
El Aaiún	Arabes, beréberes arabizados, beréberes tashelheit, beréberes tamazijt
Nuakchot	Moros, beréberes
Dakar	Oulof, fulacundas, tukulor, sereres
Banjul	Mandingos, fulas, oulof, diolas
Bissau	Balantas, mandjakos, fulas, mandés
Conakry	Fulas jalon, maninkas, susus, yalunkas
Bamako	Bambaras, fulas macina, malinkés, tuaregs, bozos
Oagadugú	Senufos del Sur, malinkés de la Costa de Marfil, mosis, tuaregs
Argel	Beréberes cabileños, árabes argelinos, beréberes mzabíes, beduinos hamayanos
Túnez	Arabes tunecinos, beduinos del Sahel
Trípoli	Arabes libios, árabes tripolitanos, árabes cirenaicos, beréberes
Cotonou	Fon, yorubas, aja, gun
Niamey	Zerma, hausas, fulas sokotos
Kano	Hausas, torobes, kanuris, fulanis
N'Djamena	Shuwas, fulas, tedas, tubus
Jartum	Bejas, guhainas, galin, nuer orientales
Djibouti	Somalíes issas, afares, árabes
Addis Abeba	Gallas arusis, somalíes, amharas, tigriñas
Asmara	Tigriñas, tigrés y mensas, árabes, afares
Mogadiscio	Somalíes, sab, digil, rahanwiin

Casablanca

Día 1

Significado: "casa blanca"
País: Marruecos
Población: 3.858.000
Pobreza: Barrios de chabolas y desempleo
Composición religiosa:
 99,8 % musulmanes
 0,15% cristianos
 0,01% evangélicos
Condición de la iglesia:
 Unas pocas iglesias indígenas
Principales sitios religiosos:
 Mezquita Hassan II (una de las más grandes del mundo), Mezquita Chleuh, Gran Mezquita

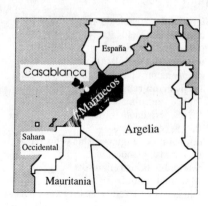

Importancia/historia de la ciudad:

La moderna ciudad de Casablanca se originó de un antiguo villorrio beréber llamado Anfa. Los comerciantes fenicios también usaron este lugar como un puerto en el norte de Africa.

El Islam está profundamente arraigado en la cultura marroquí. La mayoría de los marroquíes se identifican firmemente con el Islam aunque no practiquen su religión. Ellos confiesan su fe con orgullo: "No hay Dios sino Alá y Mahoma es su profeta". Los devotos y nominales por igual tienen una incuestionable fe en lo que se les ha dicho y creen que el Islam es la única fe verdadera. A comienzos del siglo, los franceses escogieron la pequeña aldea de Casablanca como su centro económico. El protectorado francés duró de 1912 a 1956. Hoy, con una población de casi cuatro millones, es, con mucho, la ciudad más grande, industrializada y moderna de Marruecos.

Atraídos por las oportunidades económicas, los emigrantes, tanto árabes como beréberes, de todo el país siguen viniendo a Casablanca. La mayoría de estos inmigrantes, recién salido del campo, ingresan a una cultura completamente diferente de la de las aisladas aldeas rurales.

═══ Puntos de oración ═══

1. Ruegue que la gente de todos los grupos lingüísticos pueda oír el evangelio.
2. Los escasos creyentes desconfían unos de otros y temen que el otro los delate al gobierno. Este miedo dificulta que los creyentes se reúnan y crezcan. Ruegue por la unidad y la koinonía en el Espíritu Santo.
3. Ore para que haya cada vez más gente que sintonice sus radios en las transmisiones [cristianas] y que los habitantes de Casablanca que reciben materiales bíblicos por correo no sean molestados.
4. Ruegue que el rey y el gobierno reconozcan a la iglesia nacional y que sean levantados los plantadores de iglesias marroquíes.
5. Pida que la obra misionera sea permitida de nuevo y que los fabricantes de tiendas sean llamados.

El Aaiún

Día 1

Significado: "fuente de agua"
País: Sahara Occidental
Población: 186.000
Pobreza: Más de 150.000 saharauies viven en campamentos para refugiados en Argelia
Composición religiosa:
  99,8% musulmanes
  0,16% cristianos
  0,01% evangélicos
Condición de la iglesia: Una pequeña comunidad clandestina
Principales sitios religiosos:
  Mezquita central,
  Ciudadela y Mezquita (en la cercana Smara)

Importancia/historia de la ciudad:

Este oasis fue poco más que una pequeña aldea hasta que los españoles instalaron un centro provincial, militar y administrativo hace unos 50 años. Ellos trataban de controlar sus intereses en las materias primas del Sahara Occidental, principalmente metalúrgicas.

El Sahara Occidental, ubicado justo al sur de Marruecos, es un territorio en disputa. Marruecos ha estado peleando por dominar el territorio desde que España renunció a él en 1975.

Además, las Naciones Unidas han propuesto un referéndum de que permitiría que los habitantes originarios, los saharauies, decidieran si quieren ser independientes como la República Árabe Democrática del Sahara. La república sería gobernada por el Frente Polisario, un movimiento guerrillero de 18 años de existencia.

Territorio en disputa

Aunque no hay una capital oficial en este territorio en disputa, El Aaiún es el centro político del país. También funciona como centro de exportación de los fosfatos de las minas de Boukra.

Desde aquí el gobierno marroquí administra la mayor parte de sus asuntos en el Sahara Occidental. Mauritania, al sur, también tiene intereses en este territorio.

Puntos de oración

1. El evangelio nunca se ha predicado al pueblo saharaui. Ore para que les sea predicado y que los saharauies respondan positivamente a Jesús.
2. Ruegue que pueda administrarse alimentos y ayuda médica en el nombre de Jesús a los saharauies que sufren en el exilio.
3. Ore por protección para el pequeño grupo de cristianos que tienen que reunirse en secreto.
4. Ruegue por los conversos cristianos marroquíes que se han vuelto a instalar en la ciudad debido a las oportunidades de trabajo.
5. Ore por el éxito de las transmisiones radiales cristianas a la ciudad.
6. Pida en oración que la gente pueda determinar su propio gobierno y que se resuelva la inestabilidad política.

Nuakchot

Día 1

Significado: "lugar de los vientos"
País: Mauritania
Población: 650.000
Pobreza: 66% de la población vive en barrios de chabolas.
Composición religiosa:
99,7% musulmanes
0,26% cristianos
0,01% evangélicos
Condición de la iglesia: Una iglesia pequeña y perseguida.
Principales sitios religiosos:
Ministerio de Orientación Islámica, Casa Boutilimit (cerca de un sitio de peregrinaje)

Importancia/historia de la ciudad:

Debido a su ubicación en la costa marítima y clima agradable, esta pequeña aldea de chozas de adobe fue escogida como capital de la República Islámica de Mauritania en 1960. Hacia 1964 la población (12.300) empezó a aumentar, y ha sido espectacular su crecimiento en los últimos 30 años.

En Mauritania se ha trazado una frontera étnica principal. Al norte, los africanos árabes/beréberes forman la mayoría de la población, y al sur viven los africanos negros.

Los africanos norteños y sureños se ven obligados a abandonar el Sahel, región semiárida que bordea al Sahara debido a que este desierto aumenta incesantemente y está secando al Sahel, agotando sus recursos de agua. Las tormentas de arena forman dunas que cubren el precario suelo azotado por la sequía. Por lo tanto, ciudades como Nuakchot tienen que mantener una creciente población de refugiados.

En las márgenes de la ciudad, los residentes de barrios de chozas de cartón, constituyen ahora dos tercios del total de la población metropolitana. El exceso de población está causando gran deforestación que, pronto, resultará en desertificación. Sus cabras, camellos y vacas procuran sobrevivir en los montones de basura. El desierto, con sus tormentas de arena durante 200 días del año, ahora sopla por las calles de Nuakchot, una de las capitales más nuevas del mundo.

═══ Puntos de oración ═══

1. Pida en oración que la ley islámica del *sharia* sea derogada y que haya libertad religiosa.
2. Pida que los creyentes sean fortalecidos frente a la persecución y posible muerte. Ruegue que surjan líderes santos y firmes.
3. Ore que los musulmanes se conviertan a la verdad de Jesús. Ellos encaran la sentencia de muerte, así que necesitan mucha gracia y valor para seguir al Señor.
4. Pida que el auxilio cristiano humanitario para los damnificados por la sequía muestre el amor de Dios, y que las necesidades físicas de los pobres sean satisfechas.
5. Haga oración a fin de que haya transmisiones radiales cristianas en el idioma árabe hassaniya [uno de los grupos étnicos], que se traduzca la Biblia al hassaniya, y que se eleve el nivel de 28% de alfabetizados para que la gente pueda leerla.

Dakar

Día 1
Significado: "tamarindo"
País: Senegal
Población: 1.847.000
Pobreza: Barrios de chabolas y muchos inmigrantes de temporeros
Composición religiosa:
91,0% musulmanes
3,6% religiones tradicionales
5,4% católicos
0,07% evangélicos
Condición de la iglesia: Sólo unos pocos grupos étnicos tienen iglesias.
Principales sitios religiosos:
La Gran Mezquita

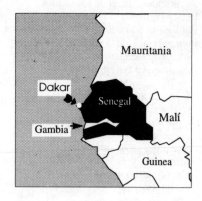

Importancia/historia de la ciudad:

Muchas ciudades capitales de Africa fueron establecidas por los gobiernos europeos hace casi 200 años. En esa época las ciudades portuarias africanas llegaron a ser centros económicos importantes, que comerciaban de todo, desde maníes hasta esclavos.

Dakar tiene la ubicación más estratégica de todas. Fue desde la isla Goree que se embarcaron tres millones de esclavos. Como punto más occidental de Africa, Dakar es el mejor puerto de partida para América del Sur, lo que hace de ella una ubicación militar estratégica para el Atlántico Sur y un lugar de comercio para el occidente de Africa.

Fundada en 1857 por los franceses, Dakar fue llamada la capital del Africa Occidental Francesa. Esta hermosa ciudad es económicamente rica comparada con el resto del país. Como terminal del ferrocarril nacional, fomenta comercio e ingresos considerables.

Muchos aldeanos pobres vienen a la ciudad a vender vegetales y frutas o se mudan ahí esperando ganar dinero para enviar a su aldea. De esta clase de migración se ha desarrollado una estrategia misionera. Si se alcanzan las ciudades grandes e importantes se podría llegar a todos los grupos étnicos del país. Uno de estos inmigrantes puede oír la buenas nuevas y regresar con Jesús a su aldea.

Puntos de oración

1. Ore por obreros que evangelicen a las muchas comunidades étnicas que viven en la ciudad. La mayoría de ellas necesitan esfuerzos separados de establecimiento de iglesias porque hablan idiomas diferentes.
2. Ruegue por que continúe la tolerancia religiosa del gobierno musulmán. La libertad de testificar sin miedo de ser perseguido es algo raro en los países musulmanes.
3. Pida que haya una irrupción espiritual entre las poderosas hermandades sufíes que son unos de los musulmanes más fundamentalistas del país.
4. Ore para que el estilo de vida de los cristianos nominales sea transformado para que refleje mejor la vida en Cristo.
5. Pida en oración que los jóvenes que se han mudado a Dakar para educarse y trabajar sean alcanzados con el evangelio. Ore por los estudiantes de la universidad de Dakar.

Banjul

Día 2

Significado: "isla de bambú"
País: Gambia
Población: 560.000
Pobreza: Muchos al nivel de mera subsistencia
Composición religiosa:
  95,4% musulmanes
  2,1% cristianos (principalmente católicos)
  0,19% evangélicos
Condición de la iglesia: hay iglesias anglicanas y metodistas
Principales sitios religiosos:
  Nueva Mezquita Central de Banjul

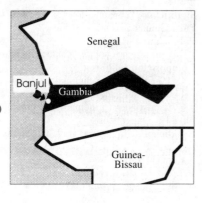

Importancia/historia de la ciudad:

Banjul no era nada más que un grupo de chozas de barro hasta que la necesidad de fuerza de trabajo esclava surgió en los países más desarrollados. Los británicos cambiaron esta aldea en un gran asentamiento comercial.

El libro Raíces de Alex Haley, menciona a Gambia como el país de origen de Kunta Kinté. En la aldea de Juffure él fue capturado y llevado al puerto de Banjul para ser transportado a América del Norte.

Banjul, ubicada en la desembocadura del río Gambia, llegó a ser el puerto a que eran llevados los esclavos. El río, de unos 1.120 kilómetros de largo, permitía que los traficantes de esclavos los capturaran bien tierra adentro y los transportaran con facilidad a Banjul para el remate y la deportación. Una vez en los barcos, eran llevados a las plantaciones de todo el mundo..

Hoy Banjul, técnicamente una isla, ha sido unida al continente por un puente. Su ubicación la ha hecho caer en el estancamiento demográfico por años, lo que ha dañado a la economía. Sin embargo, sus suburbios que se hallan en el continente han experimentado recientemente un rápido crecimiento.

> "Los ingleses no dejaron mas que el criquet y la iglesia anglicana"
> —Comerciante de Banjul

Puntos de oración

1. Pida en oración que la iglesia alcance a la mayoría musulmana, particularmente al pueblo mandingo, que se hizo famoso por *Raíces*.
2. Pida que las iglesias anglicanas y metodistas tengan un avivamiento.
3. Ruegue por los ministerios que trabajan con los jóvenes que se han mudado a Banjul en busca de trabajo.
4. Ore por que continúe la libertad de proclamar el evangelio en este territorio musulmán.
5. El ministerio a las cárceles ha producido muchos conversos. Ore por más conversiones y por la reintegración de los reos liberados en las iglesias y las comunidades.
6. Pida que las tres hermandades sufíes lleguen a fundamentar su confraternización en el Espíritu Santo.

Bissau

Día 2

Significado: "consumado es"
País: Guinea-Bissau
Población: 130.000
Pobreza: Muchos pobres debido al socialismo
Composición religiosa:
  48,1% religiones tradicionales
  44,0% musulmanes
  6,7% cristianos (principalmente católicos)
  0,84% evangélicos
Condición de la iglesia: Hay 36 pastores nacionales en el país, una iglesia que va madurando.
Principales sitios religiosos:
  Mezquita de la Avenida Cintura,
  Catedral católica romana,
  Casas de curanderos (animistas)

Importancia/historia de la ciudad:

Hace años, pastores musulmanes seminómadas fueron hacia el este a las llanuras y se instalaron en Bissau. Esta llegó a ser la capital de la Guinea Portuguesa, una colonia de Portugal en ultramar. Los portugueses establecieron un puesto fortificado aquí en 1765 para administrar sus intereses en la región.

Hoy es el centro del comercio y la industria, con exportaciones de arroz y derivados del coco. Es la ciudad más grande y capital de Guinea-Bissau.

Antes que el islam o el cristianismo llegaran a la zona, muchos de los pueblos africanos vivían bajo el temor de los espíritus y fetiches a los que, sin embargo, adoraban (costumbre llamada animismo, espiritismo o religión tradicional). Estas antiguas creencias se mezclaron con toda religión que se les echó encima.

> Estas creencias antiguas se mezclan con cualquier religión que venga encima

Por lo tanto, pueden verse extrañas costumbres animistas en quienes son musulmanes o cristianos. La esclavitud espiritual que vive la gente es común en los que practican el espiritismo. Muchos usan amuletos y ponen símbolos en sus casas para evitar el "mal de ojo", una maldición muy temida que hasta puede matar a un niño.

Puntos de oración

1. Ruegue que los creyentes renuncien a las pasadas costumbres animistas y las reemplacen con profunda confianza y fe en el poder de Jesús.
2. Pida en oración que los cristianos tengan confianza para testificar a los musulmanes.
3. Ore por bendiciones financieras para los creyentes, cuya pobreza les dificulta mantener a sus pastores, y que surjan más obreros y pastores nacionales. Ore por el esfuerzo de alcanzar a las nuevas y grandes comunidades que se están construyendo en los alrededores de la ciudad.
4. Ore en contra del crecimiento e influjo de los nuevos grupos religiosos como los Testigos de Jehová, los Bahais, los Moonies y los Neoapostólicos.
5. Muchos jóvenes han emigrado del interior del país en busca de educación y empleo. Pida en oración que encuentren el evangelio en lugar del materialismo, la desilusión y el creciente ateísmo.

Conakry

Día 2

Significado: desconocido
País: Guinea
Población: 1.734.000
Pobreza: Mucha pobreza debido al gobierno corrupto
Composición religiosa:
94,0% musulmanes
2,0% religiones tradicionales
4,0% cristianos
0,04% evangélicos
Condición de la iglesia: 4 iglesias católicas romanas, 1 anglicana, 1 de la Alianza Cristiana y Misionera
Principales sitios religiosos:
La Gran Mezquita

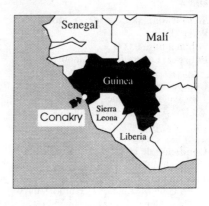

Importancia/historia de la ciudad:

Conakry empezó como un pequeño villorrio pesquero de la isla Tomba y desde entonces se ha convertido en el principal puerto, centro educacional y capital del país.

Tras independizarse de Francia en 1958, la Guinea abrazó la ideología marxista. Los cristianos sufrieron mucho bajo el gobierno marxista pro islámico. La ciudad declinó y su infraestructura llegó al colapso casi completo. Las calles llegaron a estar extremadamente sucias, con basura por doquier.

Un golpe militar en 1984 depuso al régimen marxista y restauró las libertades básicas. El gobierno militar ha estado luchando por producir recuperación y progreso económico desde que asumió el poder. El aspecto de la ciudad no ha mejorado: los cambios ocurren lentamente.

> Conakry esta luchando por alcanzar la recuperacion económica

Actualmente hay libertad religiosa para el testimonio cristiano y la actividad misionera.

Durante la estación lluviosa, Conakry puede tener tanto como 3.7 metros de lluvia. La minería del hierro y la bauxita ha permitido que la ciudad crezca lentamente en los últimos años.

Puntos de oración

1. Ore por la recuperación económica de la ciudad: que se creen trabajos y que el gobierno actual sea sabio en la implantación de reformas.
2. Pida que continúe la libertad para el testimonio cristiano y la actividad misionera.
3. Pida que los cristianos tengan visión para evangelizar a la mayoría musulmana.
4. Ore para que el evangelio se establezca en los tres pueblos musulmanes dominantes: los maninkas, los fulas y los susus.
5. Muchas agencias misioneras nuevas han llegado desde 1985. Ore por la unidad y la cooperación entre ellas, y asimismo con las iglesias nacionales.

Bamako

Día 2

Significado: "poza de los cocodrilos"
País: Malí
Población: 680.000
Pobreza: La sequía y el hambre han causado un aumento de la pobreza
Composición religiosa:
  86,3%   musulmanes
  9,2%   religiones tradicionales
  3,7%   cristianos
  0,7%   evangélicos
Condición de la iglesia:
  30 iglesias pequeñas
Principales sitios religiosos:
  La Gran Mezquita, el Centro Islámico Hamdallaye, el bazar de fetiches y brujería

Importancia/historia de la ciudad:

Hace quinientos años Bamako era un centro de tráfico musulmán del antiguo imperio maliense. Cuando llegaron los franceses en 1880, esta metrópolis había disminuido a unos mil habitantes aproximadamente. Situada a orillas del fértil río Níger, la ciudad vuelve a tener una creciente población.

Musa y su hermano menor Mamadou, de 13 años, viven en una pequeña aldea agrícola a unos 300 kilómetros de Bamako. Este año procurarán que un camión los lleve a la gran ciudad. Esto les costará dinero, pero lo que recibirán por sus frutas y vegetales será, a lo menos, el doble en la ciudad. Musa le dice a su hermano que el año pasado pudo vender casi todo lo que habían cosechado. El había aprendido de un cristiano brasileño acerca de nuevas semillas que producen mayores cosechas. Compró solamente unas pocas porque eran caras. Este año comprará más. Lo que ese hombre dijo de esas semillas resultó cierto, y digno del precio adicional.

Esta migración anual de unas 100.000 personas la realizan muchos jóvenes agricultores que salen de sus aldeas llevando la mercancía que cosecharon en la estación de las lluvias, y que procuran vender durante la seca. Muchos quisieran quedarse en la ciudad, pero no pueden porque es difícil hallar trabajo.

═══ Puntos de oración ═══

1. Ore por más obreros para evangelizar la ciudad e iniciar ministerios en los suburbios.
2. Pida en oración que Radio Bamako amplíe su audiencia, que la programación cristiana de la televisión nacional dé fruto, y que florezca el ministerio de los libros.
3. Ore que el pueblo bambara que rodea a Bamako pueda ser evangelizado y discipulado.
4. Pida en oración que el imán hamdallye (líder religioso) deje de oponerse a las actividades cristianas, en particular las reuniones públicas masivas ["cruzadas"], y que cese de abogar por un estado islámico.
5. La Colina Koulouba que mira a la ciudad es famosa como escondrijo para ladrones y como el sitio del palacio presidencial. Ore que la corrupción y el robo, que minan la nación, cesen, y que todos los que dirigen desde la cumbre de esta colina sean vencidos por el evangelio de Cristo.

Uagadugo

Día 3

Significado: "lugar del pueblo uaga"
País: Burkina Faso*
Población: 437.000
Pobreza: Mucha desnutrición, especialmente en los niños
Composición religiosa:
   48,0% musulmanes
   33,0% religiones tradicionales
   19,0% cristianos (mayormente católicos)
   4,3% evangélicos
Condición de la iglesia: 100% de aumento en los últimos 15 años
Principales sitios religiosos:
   La Gran Mezquita

Importancia/historia de la ciudad:

Históricamente la ciudad fue la capital del reino mosi. Desde el gobierno de Naba Dulugu, a fines del siglo 18 ha sido predominantemente musulmana. Se rinde homenaje al cocodrilo en el cercano lago del Cocodrilo.

Mosi lleva a su hijo enfermo camino del mercado. Ollas y sartenes cuelgan de las paredes de la tienda de la esquina. Al doblar a la izquierda, ve al religioso que vende porciones de los escritos del Corán. El hombre le ofrece una, en una bolsita de piel de gacela. Diciéndose a sí mismo: "Alá es grande, pero hoy necesito medicina", sigue adelante.

La risa llena el mercado pero el miedo atenaza el corazón de Mosi. Su hijo lleva dos semanas enfermo y nadie sabe qué hacer. Justo al dejar atrás al religioso, Mosi ve un cartel con dibujos de una bebida compuesta de agua, sal y azúcar. Como es analfabeto, no entiende que es una mezcla para rehidratar y sigue adelante.

Por último, llega a los "curanderos de los matorrales" que se acuclillan tras un trapo cubierto de cabezas de serpientes, lechuzas secas y colas de leones. A la izquierda, un cuerno de antílope quebrado atraviesa un montoncillo de piedras. Con casi el último dinero que le queda compra un cuadradito de piel de elefante como receta dada por el curandero. Tres días después su hijo muere por deshidratación causada por la diarrea.

═══ Puntos de oración ═══

1. Pida que el poder de la idolatría, el fetichismo y de las sociedades secretas sea roto en el nombre de Jesús.
2. Ore por un ministerio mayor a los estudiantes, en particular a los que están en la universidad de Uagadugu.
3. Pida en oración que la iglesia pueda ser un agente terapéutico en medio de los levantamientos sociales y las rupturas familiares causadas por la migración a las ciudades.
4. Debido a la elevada tasa de analfabetismo hay urgente necesidad de pasajes grabados. Se dispone de pasajes bíblicos en seis idiomas, pero no audibles. Ore por obreros y recursos para prepararlos.
5. Ore por el continuo crecimiento de la iglesia y que los líderes entrenen y discipulen a los conversos nuevos.

Argel

Día 3

Significado: "las islas"
País: Argelia
Población: 3.722.000
Pobreza: No hay grandes barrios de chabolas, mucho desempleo
Composición religiosa:
    99,4% musulmanes
    0,4% cristianos
    0,07% evangélicos
Condición de la iglesia:
    2 pequeñas comunidades
Principales sitios religiosos:
    Mezquita Djemaa el Jedid (Pescadores o Nuevo), Mezquita Djemaa el Kebir (Grande), Mezquita Sidi Abderramán

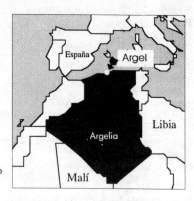

Importancia/historia de la ciudad:

Argel fue un importante puesto comercial, primero de Fenicia, después de Cartago, Roma y Bizancio. Los piratas usaban esta zona como lugar de protección; la costa bárbara comenzó a ganar fama en el siglo 16. El imperio otomano, basado en Turquía, conquistó gran parte del norte de Africa. Los otomanos instalaron a los beys —gobernadores provinciales en sus territorios— y uno de ellos en Argel. Los franceses gobernaron la zona durante los siguientes 130 años, lo que preparó las condiciones para la independencia de Argelia en 1962.

> **Los fundamentalistas islámicos han logrado mayor poder político**

En años recientes, los fundamentalistas islámicos han ganado cada vez más poder político. Los líderes políticos tienen crecientes dificultades para proteger los derechos de las mujeres.

En los últimos años, los religiosos islámicos han tratado de imponer el uso del velo a las mujeres musulmanas. El velo no sólo cubre el rostro de las mujeres sino que representa a una sociedad donde las mujeres son poco más que objetos pertenecientes a sus maridos. Si la ley islámica es impuesta a las mujeres, las libertades que ellas tienen hoy les serán quitadas.

Puntos de oración

1. Ore por las mujeres musulmanas, a las que se les imponen más leyes islámicas. Estas leyes restringen su libertad y las hacen ciudadanas de segunda clase. Pida en oración que haya más matrimonios cristianos y familias piadosas.

2. Ore por la población extranjera. En los últimos años los fundamentalistas islámicos han tomado como blanco a los extranjeros, con actos violentos, y muchos han muerto. Los misioneros han sido afectados y muchos obligados a irse del país.

3. Ore por una solución pacífica al severo derramamiento de sangre por motivos políticos iniciado por los musulmanes, en lo que se ha llamado "la Segunda Guerra Argelina". Los fundamentalistas procuran instalar un gobierno similar al del estado islámico de Irán.

4. Ore por la seguridad de los cristianos beréberes y árabes y por las iglesias clandestinas. Algunos han recibido amenazas de muerte y los asesinatos ocurren con regularidad en la ciudad.

Túnez

Día 3

Significado: incierto
País: Tunicia
Población: 1.935.000
Pobreza: No hay grandes barrios de chabolas, mucho desempleo
Composición religiosa:
  99,49% musulmanes
  0,25% judíos
  0,25% cristianos
  0,01% evangélicos
Condición de la iglesia: Unas pocas evangélicas tunecinas; algunas católicas romanas.
Principales sitios religiosos:
  Mezquita Zituna y la Universidad Islámica
  Mezquita Zituna de la calle Jemaa

Importancia/historia de la ciudad:

Túnez se originó como puesto de tráfico comercial fenicio hace casi 3.000 años. El antiguo imperio cartaginés se centró en Cartago, hoy un sitio arqueológico en las afueras de Túnez. El pueblo practicaba el sacrificio de niños para adorar a Baal. Entre las ruinas se ha excavado un cementerio de niños y un altar donde se sacrificaban los niños. Se ha informado que en la montaña Bougarneen, en las afueras de Túnez, aún se efectúan sacrificios de niños.

Luego que Cartago fue destruida por los romanos en el 146 A.C., Túnez creció como ciudad romana, bizantina y, por último, árabe. El gobierno francés terminó en 1962.

El gobierno de Tunicia ha estado luchando por mantener al país fuera de las manos del grupo islámico fundamentalista Ennahdha. Han llegado a encarcelar a los miembros más radicales, y a acusarlos de traición. El desempleo y una economía lenta no han ayudado al gobierno, pero están tratando de ampliar el comercio con las naciones industrializadas.

Túnez ha sido el cuartel central de la liga árabe y de la Organización para la Liberación de Palestina (OLP). Fue el lugar de residencia de Yasser Arafat y donde la OLP le dio liderazgo a los palestinos cuando ellos fueron declarados ilegales en Israel.

Puntos de oración

1. Ore en contra del espíritu del materialismo que aprisiona firmemente los corazones del pueblo. La mayor prioridad individual y nacional es la paz y la prosperidad.
2. Lleve ante el Señor esta situación del sacrificio de niños: pídale que elimine las fortalezas espirituales que puedan quedar, cualesquiera sean.
3. Pida en oración que Dios use las dificultades económicas para atraer a Sí a los tunecinos.
4. Ore por la unidad de la pequeña comunidad cristiana y en contra de la complacencia, pues la vida es cómoda.
5. Pida a Dios que revele su santidad a los tunecinos para que sean convictos de pecado: Túnez tiene uno de los menores porcentajes de cristianos.
6. Pida en oración que el gobierno afloje sus estrictos controles y permita que las personas tengan libertad para conocer el evangelio.

Trípoli

Día 3

Significado: un abrasivo natural
País: Libia
Población: 1.828.000
Pobreza: El petróleo ha elevado el nivel de vida.
Composición religiosa:
  96,0% musulmanes
  3,0% cristianos
  0,08% evangélicos
Condición de la iglesia:
  Un puñado de creyentes libios
Principales sitios religiosos:
  Mezquita Gurgi
  Mezquita Karamanli

Importancia/historia de la ciudad:

También llamada Tarabulus, Trípoli es un puerto marítimo poblado originalmente por los fenicios. Uno de los primeros materiales exportados fue el trípoli, un polvo muy fino, de color claro, usado como abrasivo o para pulir. Los comerciantes del desierto también traían oro, marfil, ébano, dátiles y otras mercaderías mediante caravanas de camellos hasta Trípoli.

La historia ha resultado muy violenta para la ciudad y el pueblo de Trípoli, con un conquistador tras otro en lucha por esta ciudad. El gobierno fenicio fue reemplazado por los romanos, los vándalos, los bizantinos, los árabes (que trajeron el Islam a la zona), los españoles, los turcos (como capital colonial del imperio otomano), los italianos, y los británicos antes que Libia llegara a ser reino independiente en 1951.

El 1ro. de septiembre de 1969, fue establecida la Libia moderna por un golpe de estado que puso a Moammar al-Gaddafi en el poder. El mantiene equilibrio en el gobierno entre los fundamentalistas islámicos que desean un estado islámico más fuerte y las rivalidades dentro del régimen mismo.

Trípoli es la ciudad capital del régimen militar de al-Gaddafi. Libia es conocida como una potente fuerza detrás de la expansión del Islam a otras naciones y de las actividades terroristas internacionales. También es el cuartel central de la Llamada Islámica, una de las principales organizaciones misioneras islámicas.

Puntos de oración

1. Pida en oración que se detenga la actividad terrorista que emana de aquí y que termine el apoyo financiero del terrorismo.
2. Ore que la evangelización vuelva a ser permitida en Libia.
3. Pida en oración que los programas de radio dirigidos a la ciudad encuentren una audiencia que responda, y que muchos se vuelvan al Señor.
4. Ore que los cristianos extranjeros que trabajan en Trípoli, tengan sabiduría, audacia y protección al testificar a los libios. Muchos de estos obreros pueden compartir su fe únicamente con personas en quienes confíen para que no los delaten a la policía.
5. Pida en oración que Dios coarte los planes proselitistas de la Llamada Islámica y traiga a Sí a muchos que, de otro modo, serían misioneros del Islam.

Cotonou

Día 4

Significado: desconocido
País: Benín*
Población: 501.000
Pobreza: Crecientes oportunidades económicas con la caída del comunismo.
Composición religiosa:
  50,0% animista
  20,0% musulmanes
  28,2% cristianos
  1,96% evangélicos
Condición de la iglesia: (incluyendo a Porto Novo) 17 evangélicas con 4.000 miembros, 60.000 miembros de iglesias africanas independientes.
Principales sitios religiosos:
  Mezquita Central

Importancia/historia de la ciudad:

Aunque la vecina Porto Novo es la capital oficial, la mayor parte de las funciones gubernamentales y diplomáticas se efectúan en Cotonou. Benín recibió su independencia de Francia en 1960. En 1991 la democracia reemplazó al régimen marxista que había gobernado durante más de una década. El culto del vudú nació en Benín y es tan sólo una expresión de la religión animista que mantiene en esclavitud espiritual al pueblo.

Los países al sur del desierto de Sahara eran los más cercanos para que las naciones en desarrollo recibieran fuerza de trabajo esclava barata. Así, las ciudades portuarias crecían, los barcos esclaveros iban y venían y las familias africanas eran despedazadas.

Cotonou fue uno de los centros para deportar esclavos. La costa de esta zona llegó a conocerse como la "Costa de los Esclavos". Para los países responsables de este pecado contra estos pueblos africanos, este es un día para arrepentirse y pedir perdón.

Para aquellos de herencia africana cuyos antepasados fueron víctimas del tráfico de esclavos, que den la bendición del perdón tal como Cristo ha perdonado.

En este día, habrá millones de personas pronunciando oraciones de arrepentimiento y millones recibirán perdón. ¡Que Cristo sea glorificado!

Puntos de oración

1. Que aquellos países que recibieron la fuerza de trabajo africana hagan oraciones de arrepentimiento por los actos de sus antepasados. Pida a Dios que limpie todo pecado que haya quedado.
2. Que las familias que fueron víctimas del tráfico de esclavos den la bendición del perdón a los hijos de los que esclavizaron a sus antepasados.
3. Dios es más poderoso que todas las religiones tradicionales y las prácticas del vudú. Pida en oración que Dios revele su gran poder en Cotonou y rompa la garra del animismo.
4. Ore por obreros que lleguen a los musulmanes no evangelizados, que comprenden 20% de la población urbana.
5. Ore por el continuo crecimiento de la iglesia y por líderes que reciban entrenamiento pastoral.

Niamey

Día 4

Significado: desconocido
País: Níger
Población: 430.000
Pobreza: Barrios de chabolas, recursos limitados por la migración rural.
Composición religiosa:
  90,5%   musulmanes
  9,0%   religiones tradicionales
  0,38%   cristianos
  0,1%   evangélicos
Condición de la iglesia: El número de evangélicos se ha duplicado desde 1980.
Principales sitios religiosos:
  Gran Mezquita Nueva
  Gran Mezquita Vieja

Importancia/historia de la ciudad:

Niamey empezó como aldea agrícola donde tres grupos étnicos diferentes: los mauris, los zermas y los fulanis, formaron una aldea a las riberas del río Níger.

A la vuelta del siglo, Niamey llegó a ser una pequeña avanzada militar francesa para ayudar a los que navegaban por el río y para controlar los intereses de Francia tierra adentro. Su ubicación fluvial se prestaba para viajar a muchos de los países vecinos. Para muchos en el África Occidental el río Níger es una fuente de vida e ingresos.

En 1930 la ciudad tenía unos 2.000 habitantes. Esta aldehuela ha crecido hasta tener hoy más de 400.000. Es la capital de Níger y su ciudad más grande. La sequía ha forzado a muchos campesinos a mudarse a Niamey de las zonas rurales y de otros países vecinos. Esta gente ha traído consigo un sabor internacional y ha hecho de Niamey un centro comercial.

> *"Como el río es eterno, así mi obra será eterna".*
> Proverbio nigerino

Puntos de oración

1. Ore por obreros que evangelicen a esta ciudad musulmana abierta al evangelio.
2. Pida a Dios que se revele sobrenaturalmente a los estudiantes de la Universidad Islámica, cercana a Niamey.
3. La emigración y la inmigración han causado un crecimiento rápido de la ciudad. Pida en oración que las necesidades de los pobres sean satisfechas y que Jesús sea conocido.
4. Ore que los cristianos jóvenes puedan encontrar trabajo y no sean presionados a dejar su fe a cambio de la seguridad laboral: que la fe de ellos crezca y sea fortalecida.
5. Pida a Dios que levante más líderes cristianos entre la población local.
6. Muchos son atraídos al cristianismo, pero temen de posible persecución. Ore que la persecución disminuya, que haya poder para creer y osadía para vivir para Cristo.

Kano

Día 4

Significado: desconocido
País: Nigeria, estado de Kano*
Población: 660.000
Pobreza: Muchos viven en chozas de adobe, con nutrición, salubridad y salud malas.
Composición religiosa:
  80,0% musulmanes
  5,0% religión tradicional
  14,9% cristianos
  0,1% evangélicos
Condición de la iglesia: Ninguna en la vieja ciudad amurallada; el pueblo hausa se está convirtiendo.
Principales sitios religiosos:
  Mezquita Central, Mezquita Nueva.

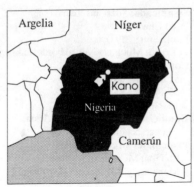

Importancia/historia de la ciudad:

En el medio de Nigeria corre una línea imaginaria. Las fuerzas que hay tras ella tienen raíces espirituales. Al norte de esta línea es casi nulo el conocimiento de Cristo. Al sur de la línea ha habido un asombroso crecimiento de la iglesia. La capital, la ciudad más grande, y la mayor parte de las iglesias se hallan al sur de Nigeria.

Kano, la tercera ciudad en tamaño, es la ciudad más antigua del Africa Occidental. Ha sido un centro comercial de la región durante siglos. Las caravanas de camellos han sido reemplazadas por camiones, pero sigue siendo una ciudad viva.

Desde una distancia de kilómetros de Kano, se divisan los altos minaretes blancos y la cúpula de tejas verdes de la mezquita, por encima de las ondas de calor que se elevan de la arena del desierto. La parte interior de la ciudad está rodeada por un muro. Dentro de este muro en el día santo, el viernes, 50.000 musulmanes se bañan, se quitan los zapatos y entran a orar a la mezquita.

A medida que uno se acerca a la mezquitase, esta antigua ciudad hausa va tomando forma. Unos pocos árboles umbrosos cubren las casas de adobe de una planta. Las paredes son gruesas para dar calor en el invierno y el necesario alivio del sol en verano. Las calles corren en todas direcciones, torciéndose y volviéndose a medida que la ciudad sigue creciendo, y se edifican nuevas casas en el terreno circundante.

Puntos de oración

1. Pida en oración que los ministerios cristianos puedan establecerse en la Gran Kano, el centro de la ciudad musulmana que está separada por una pared física. Ore que la pared espiritual, que ésta simboliza, pueda ser derrumbada en los corazones de los kanawas.
2. Pida que disminuya la alta tasa de divorcios de la ciudad. Eso és causado por los matrimonios obligados de niñas de 10 a 12 años que quedan embarazadas y dañan sus órganos reproductores en el parto. Los maridos se divorcian entonces de sus esposas estériles.
3. Ore que se detenga la quemazón de iglesias y la persecución de los líderes cristianos; que los funcionarios del gobierno permitan las cruzadas [actividades] evangelizadoras al aire libre.
4. Pida que los profesionales cristianos puedan desarrollar estrategias evangelizadoras transculturales efectivas tales como servicios médicos y perforación de pozos.
5. Ore por que se levanten misioneros en las tribus issawa, maguzawa y bade.

N'Djamena

Día 4

Significado: "descansábamos"
País: Chad*
Población: 729.000
Pobreza: Muchos viven al borde de la muerte
Composición religiosa:
  51,0% musulmanes
  35,1% cristianos
  13,3% evangélicos
Condición de la iglesia: 40 iglesias, miedo a la persecución
Principales sitios religiosos:
  La Gran Mezquita,
  Mezquita y Escuela del Rey Faisal

Importancia/historia de la ciudad:

El lago Chad —una vez el 11° lago del mundo en extensión— se ha estado achicando en los últimos 100 años debido al crecimiento del Sahara. El agua al retroceder deja tras sí unos 7,5 centímetros de suelo fértil en el campo abierto. Pocos nómadas saben cultivar la tierra o cuentan con recursos para comprar semillas o plantas.

Para personas como los tuareg musulmanes, cultivar vegetales en una pequeña parcela no es algo que satisfaga su naturaleza nómada. Las vastas tierras de Chad son su lugar de habitación, no la ciudad capital, aunque el hambre ha obligado a cambios culturales.

En los últimos veinte años N'Djamena ha tenido un rápido crecimiento debido al hambre y a la esperanza de una vida mejor en la gran ciudad. Sin embargo, hasta la ciudad ha sufrido los efectos del deterioro económico.

El gobierno creó centros de alimentación en las rutas que la gente recorre hacia la capital a fin de controlar el crecimiento de la ciudad. Estos centros se han vuelto ciudades. El algodón era una de las principales exportaciones del país, pero el hambre y el colapso del mercado han afectado, desde entonces, ese ingreso.

Hoy Chad es uno de los países más pobres del mundo. La sequía ha terminado, pero las condiciones de vida han seguido siendo precarias.

Puntos de oración

1. Ore por la preparación de pastores y evangelistas en la Escuela Superior de Teología "Paz" —que desaparezca de los creyentes el miedo a testificar a los musulmanes.
2. Pida en oración que la ciudad deje de ser un centro de propagación del islam y que, en cambio, sea un centro de propagación del evangelio.
3. Ore por los pobres que viven en torno a N'Djamena. Mucha gente no tiene suficiente comida.
4. Ore por los que vienen a N'Djamena en busca de trabajo, para que sean receptivos al evangelio —que los cristianos que deben vivir con familiares musulmanes no se conviertan al islam.
5. Pida en oración que la sospecha y la animosidad entre los más de cien grupos étnicos encuentre su unidad en el poder reconciliador de Jesucristo.
6. Ore por la preparación del Nuevo Testamento y de más literatura cristiana en el dialecto árabe de Chad.

Jartum

Día 5

Significado: "trompa de elefante"
País: Sudán
Población: 2.477.000
Pobreza: 2.8 millones de personas desplazadas no contadas oficialmente en la población de Sudán.
Composición religiosa:
70,0% musulmanes
11,0% religiones tradicionales
16,0% cristianos
3,1% evangélicos
Condición de la iglesia: Crecimiento entre los sureños, pocos musulmanes convertidos.
Principales sitios religiosos:
Mezquita Hamed al Niel, Mezquita El Kabir, Tumba de Mahadi

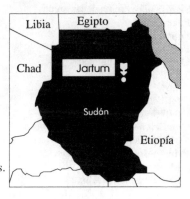

Importancia/historia de la ciudad:

La diseminación del cristianismo siguió las rutas comerciales en los primeros siglos. Se quedó al norte del desierto de Sahara y a lo largo del mar Mediterráneo, pero pudo penetrar al Sudán debido al río Nilo.

Los ríos Nilo Blanco y Azul se unieron para constituir una fértil zona agrícola donde era agradable vivir y las cosechas crecían bien. En sus cercanías estaba Soba, la capital del reino cristiano de Nubia (ca. 580), no lejos de la actual Jartum. Hacia el siglo 16 el reino cristiano activo estaba casi extinto, mientras que crecía el Islam. Durante el siglo 19, Jartum llegó a ser un centro de exportación de esclavos y marfil.

La mezquita de cúpula plateada y sus minaretes caracterizan a esta capital islámica: el Islam ha estado creciendo al norte del Sudán a medida que los santos musulmanes conducen al país a la ley *sharia* (islámica). Esa ley es impuesta a los musulmanes y a los no musulmanes por igual.

El hambre en el sur ha causado la muerte y dificultades a los pueblos no musulmanes. La gente busca ayuda en Jartum, pero son desterrados al duro desierto del sur: millón y medio han muerto y más de 5 millones son refugiados internos. La ayuda enviada al Sudán rara vez llega a los necesitados. El sufrimiento ha aumentado, ya que el gobierno se opone a los esfuerzos de socorro.

Puntos de oración

1. Ore por la paz y que los cargamentos de socorro puedan llegar a la gente. Pida en oración que las agencias cristianas de socorro puedan entrar y estén protegidas de las hostiles fuerzas políticas.
2. Pida a Dios que los obreros puedan entrenar y enseñar a los líderes locales, que entonces los cristianos sudaneses evangelicen y discipulen a nuevos creyentes para que lleven el evangelio, y así ayuden a que crezcan las iglesias nuevas.
3. Pida en oración que continúe el trabajo de traducción de la Biblia y que haya más traductores; también que los obreros que están en labores de alfabetización.
4. Ore que los musulmanes y los no musulmanes vean la forma en que el gobierno musulmán trata a los no musulmanes y que esto los haga volverse a Cristo.
5. Ore por recursos financieros para reedificar la iglesia y por fortaleza para soportar el sufrimiento.

Djibuti

Día 5

Significado: "reina de las arenas"
País: Djibuti
Población: 137.000
Pobreza: 85% de desempleo
Composición religiosa:
 94,6% musulmanes
 4,6% cristianos
 (principalmente católicos)
 0,07% evangélicos
Condición de la iglesia: Unas pocas comunidades pequeñas.
Principales sitios religiosos:
 Mezquita Jamac
 Escuela Islámica Altixad

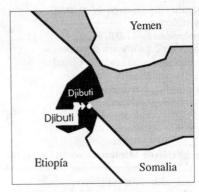

Importancia/historia de la ciudad:

El agua ha dictado el curso de las vidas de los pastores tradicionalmente nómadas. Dos pueblos principales, los somalíes y los afares han deambulado por el desierto durante siglos en busca de agua para sus rebaños. A veces ha habido guerras por este valioso recurso. Puede hallarse agua debajo del desierto, pero la excavación resulta muy cara.

En un país con 90% de analfabetismo, Hassan, uno de una familia de 20 hermanos, puede dar un paso gigantesco hacia adelante. Cuando niño deambuló con su familia nómada; sin embargo, desde entonces ha aprendido a leer, lo que lo ha diferenciado. El se las arregló para ir a la universidad, y ahora enseña en Djibuti. Personas como Hassan serán los futuros líderes.

Djibuti, la única ciudad importante, está en el lado occidental del estrecho de Bab el Mandeb, "la Puerta de los Lamentos". Este estrecho separa al mar Rojo del océano Indico.

Djibuti ha sido duramente golpeado en lo económico. El desempleo se aproxima a 85%. Una de las principales fuentes de ingreso es un ferrocarril de unos 800 kilómetros que corre de Addis Abeba, la capital de Etiopía, a Djibuti. Para causar aun más problemas económicos, Somalia cortó los rieles. Ahora han sido restaurados, pero continúa la inquietud política entre todos los países del Cuerno de Africa.

Puntos de oración

1. Con el desempleo tan alto, muchos viven en la pobreza. Ore por estos pobres, especialmente por los niños que son los que más sufren.
2. Ruegue que siga la paz y estabilidad entre los somalíes y los afares continúen y que haya aceptación permanente de la presencia cristiana.
3. Ore por los misioneros que trabajan en condiciones de vida extremas en lo que es el país más cálido del mundo.
4. Ore que resulten conversos de los ministerios relacionados con la educación, la salud pública, la agricultura, la literatura y el trabajo con los jóvenes.
5. Ore por el uso efectivo de los programas de alfabetización y las Escrituras en los idiomas somalí y afar.

Addis Abeba

Día 5

Significado: "nueva flor"
País: Etiopía
Población: 2.419.000
Pobreza: Los barrios de chabolas de materiales plásticos rodean la ciudad.
Composición religiosa:
  40,0% musulmanes
  45,0% Iglesia Ortodoxa Etíope
  5,0% religiones tradicionales
  10,0% evangélicos
Condición de la iglesia: Iglesia Ortodoxa antigua, 10 iglesias evangélicas.
Principales sitios religiosos:
  La Gran Mezquita, Iglesia Ortodoxa Etíope, Mausoleo de Menelik

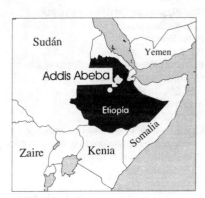

Importancia/historia de la ciudad:

El pueblo amhara de las tierras altas de Etiopía edificó su capital en Addis Abeba, una fortaleza natural a 2.370 metros de altura. Desde allí podían controlar la mayor parte de las tierras bajas.

El "Rey de Reyes", Haile Selasie, había reinado casi 50 años como el 225 emperador —alegaba ser descendiente de la unión de la reina de Saba y el rey Salomón de Israel—. Los etíopes creen que el arca del pacto está en Etiopía. La iglesia cristiana se inició temprano, cuando el eunuco etíope encontró a Felipe en Hechos 7.

La revolución marxista etíope de 1974 trasladó a todo el país del siglo 13 al siglo 20 por 17 años de excesiva violencia. La sequía y el extremismo político causaron una de las mayores hambres de la historia moderna, en la que murieron más de un millón de personas. El partido político Derg (comunista) usó el miedo y la coerción extremados para mantener dominada a la gente. Hoy, este partido ha sido declarado ilegal. Ha habido desarrollo, y ahora edificios modernos se yerguen entre las chozas de barro.

Addis Abeba es la sede de la Organización de la Unidad Africana y de la Comisión de las Naciones Unidas para Africa.

Puntos de oración

1. Ore por los estudiantes de las escuelas y seminarios bíblicos a fin de que sean llenos del Espíritu Santo y ungidos para predicar poderosamente el evangelio.
2. Pida en oración que el gobierno dirija al país a su recuperación económica y a una mejor calidad de vida para el pueblo.
3. Pida a Dios que los niños callejeros, los mendigos y los veteranos de guerra incapacitados reciban alimento y el evangelio.
4. Pida a Dios que levante fuertes estructuras familiares que sirvan de modelo de hogar y matrimonio cristianos.
5. Miles de graduados de la enseñanza secundaria y otros jóvenes no pueden encontrar trabajo, ore por la creación de trabajos.

Asmara

Día 5

Significado: unión de los nombres de 4 ciudades
País: Eritrea
Población: 1.069.000
Pobreza: Elevada pobreza pero se estabiliza
Composición religiosa:
  51,0% musulmanes
  46,1% cristianos
  1,47% evangélicos
Condición de la iglesia: Los coptos y los evangélicos se han unido debido a la guerra.
Principales sitios religiosos:
  Mezquita Anwar

Importancia/historia de la ciudad:

En el borde de una elevada meseta se halla Asmara, otrora bella ciudad italiana, y ahora una de las capitales más nuevas del mundo. Una gran universidad fue fundada allí en 1958.

Etiopía reclamó a Eritrea como parte del imperio etíope. En los últimos 31 años Eritrea ha procurado independizarse de Etiopía por medio de la violencia y de guerras políticas. La sequía y la guerra trajeron un hambre que mató a muchos.

En 1933, le fue concedida la independencia y se formó un nuevo país. La bella ciudad italiana fue afeada por los efectos de los cañones y los morteros.

Arabia Saudí Asmara Eritrea Sudán Yemen Etiopía

La sequía y la guerra trajeron el hambre

Ahora que la lluvia ha empezado a caer y que ha terminado la guerra, está empezando la reconstrucción del país. Los caminos destruidos durante la guerra están siendo arreglados y crecen los cultivos. En los últimos años han sido capaces de doblar la producción agrícola, con lo que se reduce la ayuda extranjera.

El que hayan peleado y muerto juntos ha hecho posible que cristianos y musulmanes trabajen juntos para edificar un nuevo país. Dejando de lado las diferencias étnicas, han logrado que haya estabilidad e identidad nacional, cosa que está destruyéndose en muchos otros países.

Puntos de oración

1. Ore por que continúe la recuperación económica de la ciudad y del país: que la lluvia siga regando las cosechas.
2. Los cristianos evangélicos y coptos ortodoxos se han estado reuniendo y hasta teniendo noches de oración juntos. Alabe a Dios por esta unidad que ha resultado de la persecución. Pida en oración que llegue avivamiento a estas iglesias.
3. Ore por los musulmanes conversos que hay en los pueblos tigre, afar, beja y saho.
4. Ore por el regreso de los misioneros cristianos y que sirvan a la iglesia con ministerios de entrenamiento en liderazgo, de comunicaciones y de socorro.
5. Ore por las finanzas necesarias para que las iglesias puedan reconstruir y reparar las instalaciones dañadas por los combates.

Mogadiscio

Día 6

Significado: desconocido
País: Somalia
Población: 849.000
Pobreza: la violencia y la sequía han causado gran pobreza
Composición religiosa:
  99,9% musulmanes
  0,04% cristianos
  0,03% evangélicos
Condición de la iglesia: Poco crecimiento en los últimos 100 años; unos pocos creyentes somalíes
Principales sitios religiosos:
  Mezquita Fakr Al Din
  La Gran Mezquita

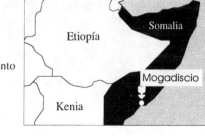

Importancia/historia de la ciudad:

Guerra, sequía, devastación es el ciclo de la vida de Safia. Ella se quedó sin alimento —murieron sus dos camellos y sus cabras al volverse polvo el suelo—. Con un embarazo de ocho meses, decidió no huir con su familia a Etiopía. Se fue, en cambio, a un campo de refugiados en las afueras de Mogadiscio, donde las calles se volvieron campos de batalla.

Su marido buscaba diariamente alimento y empleo en la ciudad.

Los jefes militares enviaban sus patrullas de combate contra otros jefes. Un día el marido de Safia estaba en una fila para conseguir alimento. Una ametralladora montada en la parte trasera de un camión dio vuelta a la esquina e hizo fuego sobre la multitud, él murió en la calle.

Su niña, ahora de un año de edad, sobrevive solamente con el alimento que le entregan a Safia los que laboran entre los refugiados. No tiene opción: depende del alimento que llegue. Ella sueña con los días en que la mayor preocupación era cuidar los camellos y las cabras y a cuál ojo de agua acudir. Ahora su niñita puede que nunca vea la grandeza de Somalia. La guerra parece interminable. Aun si la lluvia vivificadora regara la tierra, las balas seguirían acortando la vida.

Dos cosas son necesarias: paz y lluvia

Puntos de oración

1. Pida en oración que los jefes militares pierdan su poder y que el gobierno se estabilice.
2. Pida que los pobres reciban el alimento y atención que necesitan.
3. Ore que las calles sean tranquilas y seguras, no zonas de combate.
4. Pida en oración que los trabajadores del socorro cristiano puedan comunicar eficazmente el amor de Cristo mientras reparten alimentos y medicinas.
5. Ore por la perseguida iglesia clandestina somalí; muchos hombres solteros necesitan esposas cristianas.
6. Pida en oración que esos hombres sean discipulados para que sean líderes fieles y sabios de la joven iglesia: que aprendan a ser guerreros de Cristo trayendo Su paz.

Penetrando con oración en las 100 Ciudades de acceso

EL ORIENTE MEDIO

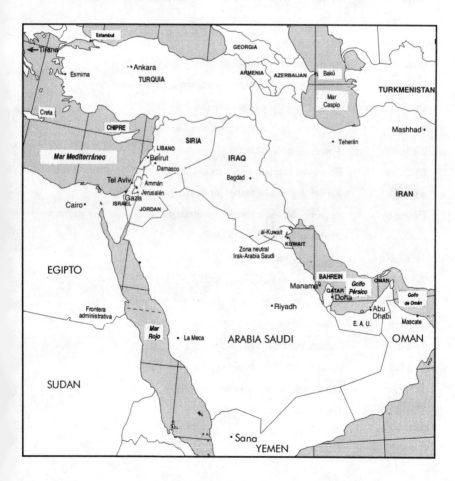

De la Ventana 10/40

22 Ciudades

CIUDAD	PRINCIPALES PUEBLOS NO ALCANZADOS
La Meca	Arabes saudíes, árabes yemeníes, filipinos
Riad	Arabes saudíes, árabes yemeníes, paquistaníes
Sana	Arabes yemeníes del norte, árabes yemeníes del sur, somalíes
Mascate	Arabes omaníes, baluchis, mahras
Abu Dabi	Arabes, árabes beduinos, árabes iraníes
Doha	Arabes qataríes, urdus, baluchis, libaneses
Manama	Arabes bahreiníes, árabes palestinos, curdos, malayalis
Ciudad Kuwait	Arabes, curdos, muchos expatriados
Beirut	Libaneses, árabes palestinos, drusos, curdos
Tirana	Toscos, gitanos, valacos
El Cairo	Beduinos, beréberes arabizados, árabes egipcios, gitanos halebis
Ammán	Arabes palestinos, árabes jordanos, beduinos, adigués
Damasco	Arabes beduinos, curdos occidentales, turcomanos, árabes palestinos
Gaza	Arabes palestinos, judíos
Jerusalén	Arabes, judíos, beduinos
Tel Aviv	Judíos, árabes palestinos, beduinos, farsis
Estambul	Turcos, persas, turcos levantinos, turcos curdos
Ankara	Turcos, persas, turcos curdos, tátaros de crimea
Esmirna	Turcos, curdos turcos, persas
Bagdad	Arabes iraquíes, curdos iraquíes, turcomanos
Teherán	Luris, mazanderanis, persas, qashqais
Mashhad	Hazaras, luris, persas, turcomanos

La Meca

Día 6

Significado: "la venerada"
País: Arabia Saudí
Población: 884.000
Pobreza: rara entre los saudíes; prevaleciente en los expatriados del tercer mundo.
Composición religiosa:
100% musulmán; la práctica pública o privada de cualquier otra religión que no sea el Islam está totalmente prohibida.
Condición de la iglesia: Ninguna conocida, quizás un remanente clandestino
Principales sitios religiosos:
La Gran Mezquita, Santuario de la Kaaba, el pozo de Zam Zam (dicen que es el pozo que Dios proveyó a Agar e Ismael)

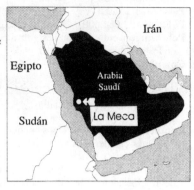

Importancia/historia de la ciudad:

La Meca es el punto central del Islam. Un quinto de la población mundial mira a esta ciudad como su sitio más sagrado. Los musulmanes devotos oran inclinados hacia La Meca cinco veces al día, pues las Mezquitas en todo el mundo están construidas en forma tal que su pared frontal mira a La Meca.

En el año 571 Mahoma nació en esta ciudad. Desilusionado del culto pagano a muchos dioses, empezó a predicar que hay un solo Dios: Alá, el dios de la luna. Después de viajar por casi toda Arabia, volvió a La Meca poco antes de morir.

En el centro del atrio de la Gran Mezquita descansa la Kaaba, la piedra negra. La tradición islámica dice que la Kaaba es la réplica del hogar celestial de Dios, y fue construida por Abraham e Ismael. Los musulmanes remontan su linaje a Abraham por medio de Ismael. La Kaaba albergaba a unos 360 dioses uno de los cuales era Alá.

El Corán (el libro sagrado del Islám) dice que cada musulmán debe hacer una peregrinación (Hajj) a La Meca por lo menos una vez en su vida. En el noveno día del mes de Zhul Hijjah, según el calendario lunar musulmán, millones de peregrinos oran en la cumbre del monte Arafat, justo afuera de La Meca. Esta es la reunión religiosa más grande del mundo. Es ilegal que un cristiano entre a esta ciudad musulmana sagrada.

Puntos de oración

1. Ruegue que se impida que la Kaaba y los poderes místicos tras ella sigan cautivando a millones de almas islámicas.

2. Ruegue que los musulmanes que hacen su Hajj anual se desilusionen con la comercialización de la ciudad y que esos que buscan a Dios encuentren a Jesús.

3. Pida que los líderes religiosos del Islam y la policía religiosa tengan encuentros milagrosos como Pablo en el camino a Damasco. A menos que Dios obre sobrenaturalmente esta ciudad no oirá directamente el evangelio salvo por radio.

4. Pida en oración que el rey Fahd y la familia real permitan que los cristianos trabajen, residan y adoren abiertamente en La Meca. Pida fortaleza para los creyentes que haya.

5. Ore por la vecina ciudad de Medina, la segunda ciudad santa del Islam.

Riad

Día 6

Significado: "huerto" o "jardín"
País: Arabia Saudí
Población: 2.664.000
Pobreza: rara entre los saudíes; prevaleciente en los expatriados del tercer mundo
Composición religiosa:
  90,0% musulmanes
  4,0%   indios (expatriados)
  5,0%   cristianos (expatriados)
  1,0%   evangélicos
Condición de la iglesia: Unos pocos creyentes clandestinos
Principales sitios religiosos: Universidad del Imán, Centro Islámico del rey Faisal, más de 2.000 mezquitas de diferentes tamaños

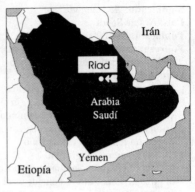

Importancia/historia de la ciudad:

La tradición dice que el apóstol Bartolomé anduvo por Arabia con el mensaje del Salvador. Hacia el siglo sexto, el cristianismo estaba firmemente establecido, pero 100 años después fue completamente reemplazado por el Islam, que ahora es la religión oficial saudí.

Unos pocos oasis marcaban la ubicación de un pequeño asentamiento en el corazón de la seca meseta rocosa. Las zonas costeras permitían los viajes y el comercio, pero pocos se aventuraban hasta Riad.

En 1902 Abdul Aziz recapturó la ciudad de manos de los otomanos y cambió para siempre su destino. Él determinó que fuera la capital nacional, pero siguió siendo una ciudad con paredes de lodo, aislada y con unos pocos palacios de barro. Yidda, en el mar Rojo, creció, pero Riad experimentó poco cambio.

El petróleo trajo más riqueza: Riad comenzó a modernizarse en la década de los 50. Debido a su reciente desarrollo, es la capital más moderna del mundo. Las paredes de arena y lodo han cedido su lugar a palacios, mezquitas y escuelas de mármol, como la Universidad del Imán, un centro mundial de teología y propagación islámicas.

Los ingresos del petróleo permitieron este crecimiento explosivo. Hasta los saudíes pobres se han beneficiado del petróleo. Se han trasladado de los barrios de chabolas a viviendas provistas por el gobierno.

Puntos de oración

1. Pida que el rey Fahd y la familia real sean conmovidos por Dios para que permitan la adoración cristiana —este es un paso importante para que más gente oiga de Jesús.
2. Pida que Dios siga estremeciendo y transformando las finanzas saudíes (ahora en déficit). Si los ingresos siguen bajos, entonces tendrán que dejar de financiar la expansión mundial del Islam. Ore que sean llamados a Riad cristianos que asuman empleos seculares a fin de introducir el evangelio.
3. Pida en oración que el líder religioso *wahhabí* y la policía religiosa *mutawwa'in*, que están persiguiendo a la iglesia, encuentren al Señor Jesús.
4. Pida a Dios que rompa las tenazas del Islam en las instituciones educacionales, que exige que 70% de toda la educación sea dedicada al estudio del Islam. Pida que la iglesia clandestina se fortalezca y siga vibrante en medio de la persecución: que pueda soportarla con gran gozo.

Sana

Día 6

Significado: "plaza fortificada"
País: Yemen*
Población: 503.600
Pobreza: El país árabe más pobre.
Composición religiosa:
  99,9% musulmanes
  0,06% cristianos
  0,02% evangélicos
Condición de la iglesia: Unos pocos creyentes yemeníes secretos.
Principales sitios religiosos:
  La Gran Mezquita, Mezquita Al-Jami Al-Kabir, Mezquita de Saladino, Mezquita Al-Mutwakil, la sede de la Hermandad Musulmana

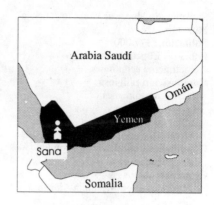

Importancia/historia de la ciudad:

El nombre original de la capital del Yemen es "Medinat Som" que traducido es "la ciudad de Sem". La tradición sostiene que después del diluvio Sem, el hijo de Noé, edificó esta ciudad sobre el plan volcánico a 2.225 metros sobre el nivel del mar.

A fines del primer siglo ya era una ciudad fortificada (aún una de las más grandes y mejor conservadas ciudades del mundo árabe) a lo largo de la gran ruta del incienso que conducía al Mediterráneo. La mirra y el incienso crecían naturalmente llegando a ser valiosos bienes de intercambio comercial.

El Yemen del Sur fue formado en 1967, y llegó a ser el único estado árabe marxista. Firmó un tratado de amistad con la Unión Soviética válido por 20 años, el cual permitió tropas soviéticas en el Yemen. El Yemen del Norte se volvió políticamente a Occidente.

La caída del comunismo en el mundo permitió la unificación de Yemen y que Sana fuera la capital, aunque siguen combates esporádicos. Las reformas económicas han causado tensión. El gobierno está tratando de lograr crecimiento económico en el país más pobre de la península arábiga. Han ocurrido disturbios en Sana debido a la continua devaluación de la moneda (la inflación anual ha llegado a 100% en años recientes) y a las diferencias religiosas islámicas entre el norte (shiíta) y el sur (sunita).

Puntos de oración

1. La Hermandad Musulmana es muy anticristiana y trata de detener toda la actividad cristiana. Pida en oración que sus esfuerzos sean infructuosos.

2. La mayoría de los residentes nunca ha oído el evangelio porque la ciudad estuvo sellada por más de 1.300 años. Ore por que haya fruto de los programas radiales cristianos, y osadía en los trabajadores del socorro dedicados a proyectos educacionales y de salud.

3. Ore por fortaleza para los creyentes, que están bajo una intensa presión de parte de sus familiares y las autoridades civiles para que renuncien a su fe.

4. Pida que la paz y la reconciliación prevalezcan entre las facciones del norte y del sur de la reciente guerra civil. Pida en oración que las reformas traigan alivio económico.

5. Ore en contra del espíritu de miedo que es especialmente intenso aquí debido a la manera en que el Imán ha ejercido su autoridad.

Mascate

Día 7

Significado: "lugar de caída" o "anclaje"
País: Omán*
Población: 177.000
Pobreza: El petróleo ha traído crecimiento económico
Composición religiosa:
  95,5% musulmanes
  1,6% hinduistas
  2,5% cristianos
  0,16% evangélicos˙
Condición de la iglesia: dos comunidades muy pequeñas en el país.
Principales sitios religiosos:
  Mezquita Khor, Mezquita Alí Musa

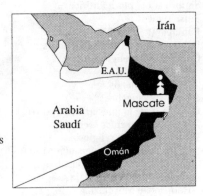

Importancia/historia de la ciudad:

Mascate ha sido una ciudad portuaria estratégica por los últimos mil años. Una fortaleza de barro, pequeña en comparación con los volcanes que se yerguen alrededor, daba protección a la capital. Sus residentes pescaban, extraían cal o cosechaban dátiles como principal fuente de ingreso, pero el mar era su conexión con el mundo exterior.

Simbad, el famoso marino, zarpaba de Mascate hacia lugares exóticos como la India y la China. El intercambiaba cal, dátiles y otras mercaderías del Oriente Medio por arroz, café y té. Otros barcos hacían escala aquí antes de dirigirse al golfo Pérsico o hacia la costa oriental de Africa. Debido a su ubicación, los portugueses se apoderaron de Mascate y establecieron una fortaleza regional en 1580. Después fueron reemplazados por la dinastía Al-Busaid cuyo gobierno se extendió hasta el Africa Oriental. Hacia mediados del siglo 17 Mascate volvió a las manos de los omaníes. En 1890 Samuel Zwemer estableció una misión médica que continúa hasta ahora.

El petróleo descubierto en el desierto ha traído a Mascate al siglo 20. Tras un golpe de estado, el sultán Sayyid Quabas ben Sa'id reemplazó a su padre en el gobierno. La ciudad ha crecido hasta abarcar dos ciudades adyacentes: Mutrah y Ruwi. Mascate es nuevamente una zona floreciente, donde los buques petroleros han reemplazado a los barcos mercantes de antes.

Puntos de oración

1. Ore a fin de que los pocos creyentes nacionales tengan fortaleza y valor, y que se puedan establecer iglesias.
2. Pida a Dios que el sultán permita libertad religiosa a los ciudadanos de Omán.
3. Pida en oración que las transmisiones radiales y la distribución de literatura alcance a la mayoría musulmana.
4. Pida que los creyentes expatriados que trabajan en la ciudad den un testimonio cristiano por su modo de vivir.
5. Pida en oración que la obra misionera médica que se realiza muestre el amor de Cristo a la gente.

Abu Dhabi

Día 7

Significado: desconocido
País: Emiratos Árabes Unidos*
Población: 730.000
Pobreza: en 20 años el petróleo ha cambiado la pobreza por riqueza fabulosa.
Composición religiosa:
  84,6% musulmanes
  4,7% hinduistas
  8,7% cristianos (entre los expatriados)
  0,33% evangélicos
Condición de la iglesia: los expatriados tienen iglesias; hay solamente unos pocos creyentes árabes.
Principales sitios religiosos:
  Mezquita del Nuevo Bazar

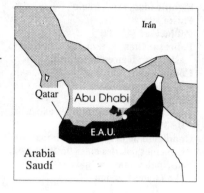

Importancia/historia de la ciudad:

Como si se irguiera de un pantano arenoso, el blanco palacio de Al-Husn, de Abu Dhabi, se presenta a la vista. Hace poco más de 200 años un antepasado de la familia del actual jeque se trasladó del desierto a la isla y construyó un fuerte alrededor de la fuente de agua dulce. El cultivo de dátiles y la pesca proveyeron alimento al fuerte. Las perlas abrieron la puerta al comercio con la India y Europa y a las exportaciones.

Hace 25 años el aspecto de la ciudad era casi igual que en los días antiguos. Era la capital de los siete Emiratos Árabes Unidos. Abu Dhabi es también el nombre del mayor y más rico de estos Emiratos (comprende más de 90% de la superficie total de los emiratos). Pero el crecimiento y las riquezas del petróleo estaban empezando a hacerse sentir. Hoy, atrapada entre las dunas arenosas de Arabia y las olas del golfo Pérsico, ha tenido rápido crecimiento una ciudad moderna. La construcción inicial sobre los bancos de arena resultó desastrosa para edificar en altura. Muchos edificios se hundieron y tuvieron que ser destruidos. Corregido ese problema, ahora se levanta sobre la arena una ciudad de vidrio y concreto.

80% de los que viven en Abu Dhabi son expatriados procedentes de naciones del Golfo más pobres y de lugares como la India o Paquistán. Muchos de éstos trabajan como sirvientes, empleos que los árabes de los Emiratos no desean.

Puntos de oración

1. Pida en oración que el Consejo Supremo conceda libertad religiosa a los ciudadanos.
2. Ruegue a Dios que los creyentes expatriados tengan la oportunidad de compartir el evangelio con sus compañeros de trabajo árabes.
3. Ore por el establecimiento de una iglesia árabe nacional y que surjan líderes.
4. Pida en oración que la gente vea el amor de Cristo demostrado por las agencias médicas cristianas que sirven allí.
5. Haga oración a fin de que los videos, las transmisiones radiales y la literatura den fruto en la evangelización de todos los grupos.

Doha

Día 7

Significado: "semicírculo"
País: Qatar
Población: 340.000
Pobreza: Gran riqueza, los trabajadores asiáticos viven en la pobreza.
Composición religiosa:
  91,4% musulmanes
  2,0% hinduistas
  6,0% cristianos (entre los expatriados)
  0,53% evangélicos
Condición de la iglesia: No hubo creyentes qataríes antes de 1985.
Principales sitios religiosos:
  La Gran Mezquita

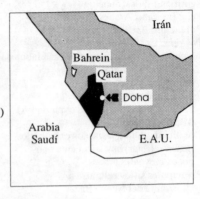

Importancia/historia de la ciudad:

El extenso desierto resultaba un mal lugar para vivir. Los beduinos iban de uno a otro oasis tratando de ganarse la vida por comerciar en dátiles y otras mercaderías. Las zonas costeras del golfo Pérsico permitían un poco más de estabilidad, al proveer alimento por medio de la pesca, y un ingreso pequeño por sumergirse en busca de perlas. Doha fue establecida al optar estos beduinos nómadas por pescar en vez de deambular por el desierto.

Esta pequeña ciudad continuó pobre y de poco interés para el mundo exterior durante la mayor parte de su historia. Bahrein y Qatar han peleado por los derechos de los ricos bancos perleros pero, de otro modo, poca importancia se ha dado a Doha, la capital del país. Los ingleses, protectores de Qatar hasta su independencia en 1971, ni siquiera tenían un representante en el país, hasta que se halló petróleo.

Se supo que Qatar era rico en petróleo

Justo antes de la Segunda Guerra Mundial, se supo que Qatar era rico en petróleo. Diez años pasaron antes que comenzara la producción de petróleo. Todo el país empezó a prosperar debido a la riqueza del oro negro. El país tiene también una de las reservas de gas más grandes del mundo. Los bancos perleros se han terminado, pero ahora los derechos petroleros han sido el centro de disputas políticas entre Bahrein y Qatar.

Puntos de oración

1. Pida en oración que algunos creyentes qataríes que no residen en el país vuelvan y sean el núcleo de una iglesia nacional.
2. Haga oración a fin de que el emir levante las prohibiciones legales contra la evangelización de los musulmanes.
3. Pida en oración que los cristianos expatriados que trabajan en Doha vean fruto de su evangelización mediante la amistad.
4. Ore por que la evangelización mediante la radio y los videos pueda tocar muchas vidas.
5. Pida en oración que el modo de vida materialista debido a la gran riqueza petrolera produzca desilusión y una renovada búsqueda de la verdad espiritual de Jesús.
6. Pida a Dios que los estudiantes de la Universidad de Qatar sean alcanzados con el evangelio.

Manama

Día 7
Significado: "lugar de descanso"
País: Bahrein
Población: 270.000
Pobreza: Gran riqueza
Composición religiosa:
  85,0% musulmanes
  6,2% hinduistas
  7,2% cristianos (entre los expatriados)
  0,77% evangélicos
Condición de la iglesia: Los expatriados tienen libertad de culto, unos pocos creyentes nacionales.
Principales sitios religiosos:
  Mezquita Juma (Viernes), Centro Islámico Beit-al-Quaran, Centro Islámico Al Fateh

Importancia/historia de la ciudad:

Manama el centro del dinero, Manama donde las riquezas yacen ocultas. En la tierra del agua salada y arena del desierto, el agua dulce da vida. La riqueza de la ciudad fluía otrora abundantemente debido a la mucha agua dulce que ayudaba al florecimiento de los dátiles y por las perlas sacadas de aguas que apenas llegaban a las rodillas.

Ahora los buscadores de perlas han sido sustituidos por obreros urbanos del petróleo; las embarcaciones de madera a vela que anclaban a llenar sus tanques de agua se han vuelto superpetroleros que mueven millones de barriles de petróleo. La riqueza sigue creciendo.

Las riquezas yacen ocultas

Se espera que Bahrein sea el primer estado del Golfo en quedar sin petróleo, pero ya están planeando para el porvenir. La construcción de un dique seco para superpetroleros y una planta de aluminio son sólo unas pocas formas en que se preparan para el futuro.

Los bancos comerciales de Manama se iniciaron cuando empezaron a fluir los ingresos del petróleo. Debido a este sistema financiero, la ciudad dirige la banca del Golfo, siendo el mayor centro bancario entre Londres y Singapur. La economía es sólida, y hay inversiones en proceso, por lo que Manama seguirá siendo un líder en el Golfo.

Puntos de oración

1. Pida en oración que más personas escuchen los programas radiales cristianos que se transmiten en la ciudad y que haya más Biblias para repartir.
2. Pida a Dios que vengan desde Asia más cristianos expatriados para dedicarse a la evangelización y al discipulado.
3. Haga oración a fin de que el emir y sus asesores permitan la evangelización de los bahreiníes.
4. Hay una sola congregación evangélica de habla árabe, la cual se compone principalmente de expatriados. Ore por su testimonio a los muchos musulmanes.
5. Ore por una cosecha espiritual debida a la distribución de videos y literatura cristianos.

al-Kuwait

Día 8

Significado: «pequeña fortaleza»
País: Kuwait*
Población: 231.000
Pobreza: La guerra ha trastornado y reducido el estándar de vida.
Composición religiosa:
94,0% musulmanes
5,3% cristianos (expatriados)
0,13 evangélicos
Condición de la iglesia: Hay 25 congregaciones de expatriados; unos pocos creyentes nacionales.
Principales sitios religiosos:
La Gran Mezquita,
La Mezquita Shabaan

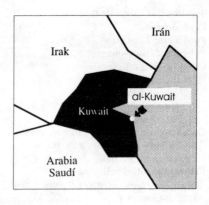

Importancia/historia de la ciudad:

Habiendo sido un oasis pequeño en el desierto que hacía dinero del comercio de las perlas y otras mercaderías, al-Kuwait creció súbitamente como productor de petróleo. Cinco puertas daban acceso a la ciudad amurallada. Estos muros que una vez la protegieron de la invasión, se han derrumbado. La ciudad se ha extendido más allá de los antiguos muros, pero los invasores siguen atacando.

La riqueza petrolera ha convertido a Kuwait en uno de los países más ricos del mundo. La educación, la electricidad y el agua potable son gratuitos para los kuwaitíes. El deseo de Irak de tener más petróleo, según alega, para compartirlo con países más pobres, fue su pretexto para la invasión militar en 1990-1991. Cuando los iraquíes fueron expulsados, al-Kuwait fue libre de nuevo. Los campos petroleros fueron incendiados, y 500 pozos quedaron ardiendo descontroladamente. El humo negro bloqueaba al sol de mediodía. El golfo Pérsico estaba lleno de petróleo.

Ahora han sido apagados los incendios y se ha limpiado la ciudad, pero el miedo y el horror de aquellos días persiste en los corazones.

La reconstrucción de la ciudad y el regreso a la vida normal ha sido una de las preocupaciones centrales del gobierno. El daño infligido a los edificios históricos y de gobierno fue extremadamente alto. El daño físico está siendo reparado pero las vidas de la gente seguirán afectadas por los recuerdos de la guerra.

Puntos de oración

1. Terminada la guerra, la reconstrucción física ha comenzado; sin embargo, la reconstrucción emocional se efectúa con más lentitud. Ore por las familias desgarradas en la violencia, pues muchas perdieron de sus miembros.
2. La guerra hizo que muchos musulmanes cuestionaran las doctrinas del Islam respecto a la vida después de la muerte. Pida en oración que muchos se vuelvan a quien es la Resurrección y la Vida.
3. Ore por fuerza y denuedo para los creyentes kuwaitíes y por el establecimiento de una iglesia nacional.
4. Pida a Dios que el emir conceda a los creyentes kuwaitíes y provenientes de países semejantes plena libertad de adorar y de testificar.
5. Pida en oración que el dinero kuwaití no vuelva a ser usado para propagar el Islam por edificar mezquitas, quemar Biblias y pagar por conversiones al Islam.

Beirut

Día 8

Significado: «fuentes, manantiales»
País: Líbano
Población: 1.543.000
Pobreza: 16 años de guerra civil han dejado ruinas y pobreza.
Composición religiosa:
  61,0% musulmanes
  38,0% cristianos (católicos y ortodoxos)
  0,04% evangélicos
Condición de la iglesia: Iglesias católicas y ortodoxas de casi dos mil años de antigüedad; unas pocas iglesias evangélicas.
Principales sitios religiosos:
  Monasterios maronitas Harissa y del monte Sherbal.

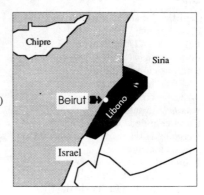

Importancia/historia de la ciudad:

Diferentes potencias extranjeras sucesivamente han invadido y gobernado a Beirut en los últimos 4.000 años. Los asirios, los griegos, los romanos, los turcos otomanos y los franceses usaron esta ciudad como base regional. Estas potencias solían traer sus dioses consigo.

Durante la mayor parte del siglo 20, Beirut fue una bella ciudad mediterránea, reconocida como un centro comercial y bancario importante del mundo árabe. Desde los años setenta, Beirut ha sido zona de combate, y diferentes bandos han tomado las armas. Se establecieron fronteras religiosas. Los musulmanes controlaron el lado occidental de la ciudad y los cristianos, el oriental. Los acuerdos de cese al fuego por escrito se anulaban al estallar otra bomba, y la violencia y el miedo se renovaban en ambos lados.

La paz ha retornado a Beirut después de una década y media de guerra en que musulmanes y cristianos se han asesinado brutalmente unos a otros. Se parecía más a los tiempos de las cruzadas que a la época moderna. No se sabe cuánto durará esta paz. El gobierno está tratando de reconstruir la infraestructura urbana y nacional. Los inversionistas que ayudaron a que la ciudad fuera el París del Oriente Medio después de la Segunda Guerra Mundial no han regresado, temiendo la inestabilidad y violencia religiosas.

Puntos de oración

1. Se ha desarrollado un mayor sentido de unidad en el cuerpo de Cristo. Ruegue que continúe y aumente. Ore también que los creyentes sean fortalecidos en su fe.
2. Pida en oración que los cristianos aprovechen la gran apertura de los no cristianos para oír el evangelio.
3. Ore por la juventud, que no sea atraída a la inmoralidad y las drogas, y que Dios abra las puertas al ministerio de modo que pueda alcanzarse a los jóvenes.
4. Numerosas familias han sufrido mucho, han perdido parientes por la violencia y el derramamiento de sangre. Pida a Dios que dé consuelo y apoyo en este proceso de curación.
5. Ore para que el evangelio sea predicado por radio, televisión, videos, casetes y literatura. Ore también para que la iglesia tenga una amplia visión del ministerio a través de los medios de comunicación masivos.

Tirana

Día 8

Significado: antiguo nombre de Toscana
País: Albania
Población: 427.000
Pobreza: la nación más pobre de Europa.
Composición religiosa:
  81,0% musulmanes
  18,0% cristianos
  0,06% evangélicos
Condición de la iglesia: Unas pocas comunidades evangélicas han surgido recientemente.
Principales sitios religiosos:
  Mezquita de Ethem Bey,
  Monumento a Enver Hoxha

Importancia/historia de la ciudad:

En Romanos 15:19 Pablo informaba que había predicado el evangelio de Cristo en la región de Ilírico, que está junto al mar Adriático.

Los romanos marcharon por esta zona camino a Tesalónica y Constantinopla. A su vez, otros invasores conquistaron la región, pero fueron reemplazados por los turcos otomanos musulmanes. Albania llegó a ser la única nación europea predominantemente musulmana.

El pachá turco otomano Barkinzadeh Suleimán fundó a Tirana en el siglo 17, y ésta llegó a ser la capital de Albania en 1920. En esta época había unos 12.000 residentes en la ciudad.

Durante la Segunda Guerra Mundial, el comunismo tomó la ciudad y la cambió radicalmente. Durante casi 50 años el comunismo más estricto del mundo cerró iglesias y mezquitas, declaró ilegales a todas las religiones y cerró el país al mundo exterior. La propaganda del partido moldeó las vidas de la gente. Se decía a los ciudadanos que eran el pueblo más rico del mundo porque en los otros países occidentales sólo muy pocos eran ricos mientras que las masas eran extremadamente pobres.

El pueblo se ha dado cuenta de las mentiras. Los albaneses saben ahora que son la nación más pobre de Europa con 60% de desempleo, y creciente inflación.

Puntos de oración

1. Ore por los pobres, que luchan por la vida en un país por el que ha pasado el comunismo —que Dios use las luchas económicas para atraer a Sí a muchos.

2. Pida en oración que sean obstaculizados la influencia y los planes de las naciones islámicas para «evangelizar» a Albania.

3. Ore por mejores caminos que faciliten la llegada del evangelio a las aldeas de las zonas montañosas.

4. Haga oración a fin de que toda la obra evangelizadora de corto plazo hecha en el verano sea seguida exitosamente como se ha planeado. Sin un seguimiento eficaz muchos creyentes jóvenes no recibirán el necesario discipulado.

5. Ore por la unidad de las iglesias y que la iglesia sea bien mirada por el gobierno.

El Cairo

Día 9

Significado: «el victorioso»
País: Egipto
Población: 10.361.000
Pobreza: Muchos barrios de chabolas
Composición religiosa:
  87,0% musulmanes
  12,0% cristianos coptos
  0,73% evangélicos
Condición de la iglesia: Asiento de la antigua iglesia copta; iglesia evangélica creciente.
Principales sitios religiosos: Mezquita de Ibn Tulun, Mezquita de El Ibn el Asn, Mezquita del sultán Hassan, Mezquita y Universidad de Al Azhar, tumbas de El Hussein y Sayida Zeynab

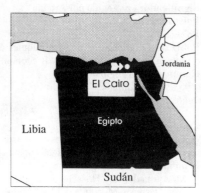

Importancia/historia de la ciudad:

La Biblia dice que Jesús fue llevado a Egipto por su familia porque Herodes procuraba matarlo. La leyenda dice que estuvo en El Cairo. Después de la resurrección de Jesús, la vieja fortaleza romana que allí se hallaba llegó a ser sucesivamente colonia, iglesia y convento cristianos. La antigua iglesia copta también se centró en El Cairo.

A la sombra de las viejas pirámides, El Cairo surge del desierto como la mayor ciudad de Africa. Se ha ido extendiendo a lo largo del Nilo durante siglos, el río le da vida a la tierra desértica. En la primavera el calor del desierto aumenta. La arena, llevada por el viento, cubre las calles de El Cairo.

El Islam llegó a la zona poco después de la muerte de Mahoma, y desde entonces ha sido muy potente. Al Azhar fundó la universidad más antigua del mundo — ésta llegó a ser el centro teológico islámico principal en el 970. Los cruzados trataron de tomar El Cairo por la fuerza, e implantar de nuevo el cristianismo en la zona, pero fueron rechazados por los defensores musulmanes.

Para los pobres la vida es dura. Viviendo en barrios de chabolas superpoblados y decadentes, millones comparten la misma situación —no hay esperanza y aparentemente ninguna salida—. Se sienten estancados y humillados; sin embargo, su orgullo religioso sigue inquebrantable.

Puntos de oración

1. Ore para que el evangelio sea presentado a los musulmanes (la mayoría de ellos son pobres) en forma comprensible, y que se establezcan iglesias sensibles a la cultura.
2. Pida en oración que la falsa adoración que incluye el culto a los santos musulmanes muertos desaparezca, y que se adore al Jesús resucitado.
3. El Azhar es la universidad islámica más grande del mundo, y envía cientos de misioneros islámicos anualmente. Pida en oración que los estudiantes se desilusionen del Islam y se vuelvan a Cristo.
4. Ore por una fuerte fe bíblica en las iglesias evangélicas y coptas.
5. Pida a Dios que levante celosos jóvenes cristianos que evangelicen a El Cairo y a Egipto. Ore por los pocos misioneros que ya están siendo enviados desde Egipto.

Ammán

Día 9

Significado: «protegida por Amón»
País: Jordania
Población: 1.273.000
Pobreza: La alineación con los iraquíes durante la Guerra del Golfo dañó la economía.
Composición religiosa:
  95,0% musulmanes
  4,69% cristianos
  0,2% evangélicos
Condición de la iglesia: 11 iglesias evangélicas; la mayoría de los conversos provienen de la población cristiana nominal.
Principales sitios religiosos:
  Mezquita del Rey Hussein, Mezquita de Abu Darwish, Mezquita del Rey Abdullah

Importancia/historia de la ciudad:

Esta antigua ciudad data del cuarto milenio A.C. En el Antiguo Testamento se la conoce como la ciudad amonita de Rabá. El rey David mandó a Urías a esta ciudad para que muriera en combate, a fin de cubrir el pecado de David con Betsabé. Cuando tomó la ciudad, David destruyó por completo a los habitantes, haciendo que pasaran por un horno sumamente caliente. David siguió, de cierto modo, una costumbre local, ya que Moloc, ídolo al que los padres sacrificaban sus hijos haciéndolos pasar por el fuego, era el dios de los amonitas.

En una ciudad fortificada en condiciones casi desérticas, el agua es de extrema importancia para la vida. Caravanas de comerciantes, a su paso por la ciudad, intercambiaban mercaderías y se aprovisionaban de agua. La ciudad crecía lentamente en las siete colinas de la zona. La población aumentó desproporcionadamente cuando ésta llegó a ser la capital de Jordania en este siglo. Importante centro de viajeros en la antigüedad, sigue siendo confluencia de caminos en Jordania.

Jordania mantiene los santuarios musulmanes en Jerusalén y gastó millones de dólares en recubrir de oro la Cúpula de la Roca en 1994. Las conversaciones de paz con Israel reabrieron las fronteras entre ambas naciones. La esposa del rey Hussein, norteamericana de nacimiento, le ayuda a mantener estrechos lazos con Occidente.

Puntos de oración

1. Ore por la importante obra de repartir Biblias y literatura cristiana, que se envían desde aquí a todo el Oriente Medio.
2. Pida en oración que la juventud de la ciudad (50% de la población tiene menos de 15 años de edad) tenga la oportunidad de oír y responder al evangelio. Pida que los ministerios de los campamentos para estos jóvenes lleven a muchos al reino de Dios.
3. Ore por que continúe la paz con Israel, lo que dará más oportunidades para la comunión y el ministerio con las iglesias de la Margen Occidental.
4. Pida a Dios que levante líderes piadosos y dispuestos a servir a crecientes iglesias y que haya recursos para mantenerlos.
5. Debido a la guerra, 400.000 palestinos huyeron del golfo Pérsico a Amán. Ore por el ministerio a este grupo que sufre pobreza y desempleo.

Damasco

Día 9

Significado: llamada así por Damnesek, su fundador
País: Siria
Población: 2.511.000
Pobreza: Tiempos cada vez peores
Composición religiosa:
  90,0% musulmanes
  8,8%   cristianos
  0,1%   evangélicos
Condición de la iglesia: Los cristianos tienen libertad de adorar; varias iglesias.
Principales sitios religiosos: Mezquita de Omayyed, Capilla de San Pablo, Mezquita de Takieh es Sulaymanieh, Tumba de Sayida Zaynab

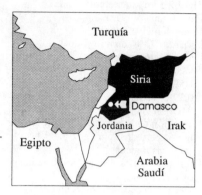

Importancia/historia de la ciudad:

La vida del apóstol Pablo fue cambiada por el poder de Jesús en camino a Damasco. Pero la ciudad existía muchos años antes de la visita de Pablo. Los datos desenterrados en la ciudad indican que desde el tercer milenio A.C. ésta ha sido habitada.

Debido a su ubicación, la ciudad ha sido conquistada, destruida y reconstruida muchas veces. La mayoría de los antiguos imperios dominaron la ciudad cuando estaban en la cumbre. La religión de la ciudad cambiaba con casi cada potencia extranjera. Los arameos edificaron un templo a Hadad, su ídolo, dios de las tormentas y la lluvia. En el tercer siglo se usó el mismo sitio de ese templo para construir un enorme templo al dios romano Júpiter, el dios de la guerra y de los rayos. Con el auge del cristianismo en el Imperio Romano, el templo fue convertido en la iglesia de San Juan Bautista. Se cree que su cabeza sigue en ese sitio.

Con la llegada del Islam, la iglesia fue transformada en mezquita, sólo para demolerla después y erigir en su lugar la mezquita más grande de su época (siglo 17). Dos de los minaretes de la Mezquita de Omayyed tienen nombres: el minarete de la novia y el minarete de Jesús. La tradición musulmana dice que Jesús aparecerá en este sitio en el día del juicio.

Puntos de oración

1. Pida en oración que los cristianos católicos y ortodoxos nazcan de nuevo y sean creyentes y testigos activos.

2. Ore por obreros que quieran servir en los nuevos barrios de chabolas y en las zonas pobres no evangelizadas de la ciudad.

3. Pida que la mayoría musulmana reciba piadosa sabiduría de sus contactos con cristianos, que aumenten las conversiones de los islámicos, y que los cristianos tengan denuedo cuando se les da la oportunidad de testificar.

4. Ore por evangelización eficaz mediante la televisión y la radio cristianas, y que tengan un mayor impacto las Biblias y la literatura cristiana.

5. Ore por más obreros de tiempo completo para servir a las iglesias y entrenar a nuevos líderes de las congregaciones.

Gaza

Día 10
Significado: «fuerte, fortificada»
País: Franja de Gaza
Población: 1.073.000
Pobreza: 73% son refugiados
Composición religiosa:
- 98,0% musulmanes
- 1,5% judíos
- 0,39% cristianos
- 0,03% evangélicos

Condición de la iglesia: 1.500 creyentes; iglesias ortodoxas griegas, bautistas y católicas romanas.
Principales sitios religiosos: Mezquita de Said Hashim, Mezquita de Umar, Mezquita de ibn Uthman, Iglesia de San Porfirio

Importancia/historia de la ciudad:

Gaza ha sido gobernada desde la antigüedad por egipcios, filisteos, judíos, árabes y turcos. Bíblicamente es conocida como la ciudad de Sansón. Los británicos la supervisaron hasta la guerra árabe-israelí de 1948, después de lo cual Egipto dominó la zona.

En 1967 Israel ocupó la franja de Gaza. Deseaba tener una zona tapón entre sí y Egipto. Muchos árabes palestinos viven en Gaza, pero trabajan en Israel. Años de violencia han conducido a conversaciones dirigidas a permitir que los palestinos gobiernen la zona. Muchos palestinos fueron matados en la Intifada, que protestaba por la ocupación del territorio por soldados israelíes.

Luego de 27 años de ocupación militar israelí, se llegó a un acuerdo de establecer una patria palestina.

El territorio no es totalmente palestino, porque quedan aún dieciséis asentamientos israelíes con 5.000 personas. Todavía se está discutiendo en cuanto al establecimiento, y la violencia patrocinada por el grupo radical de los Hamas no ha cesado.

En mayo de 1994 se inició el limitado gobierno palestino, pero a los dos días soldados israelíes fueron baleados en la nueva frontera. La situación política sigue tensa, pues hay grupos extremistas, palestinos e israelíes, que procuran desestabilizar la frágil paz.

Puntos de oración

1. Ore por pastores evangélicos árabes que estén dispuestos a vivir y trabajar en Gaza. Con el nuevo nacionalismo y la continua violencia es un lugar sumamente duro para ministrar.
2. Ore por el aumento del alcance de la librería «Casa de Luz». Si las personas leen la Palabra de Dios, El las atraerá a Sí.
3. Ore por la paz entre los residentes y la reconciliación de árabes y judíos.
4. Ore por una mejor calidad de vida para aliviar la pobreza.
5. Ore por la protección de los creyentes que son atrapados por el fuego cruzado político: que sigan firmes en el Señor en los tiempos difíciles.
6. Pida en oración que la obra social cristiana efectuada en Gaza muestre efectivamente el amor de Cristo a la población musulmana.

Jerusalén

Día 10

Significado: «ciudad de paz»
País: Israel*
Población: 518.000
Pobreza: Nueva inmigración ha afectado la economía.
Composición religiosa:
72,0% judíos
25,0% musulmanes
2,34% cristianos
0,16% evangélicos
Condición de la iglesia: Antigua iglesia, mil judíos mesiánicos.
Principales sitios religiosos:
El Muro Occidental (de los Lamentos), Monte del Templo, Cúpula de la Roca, Mezquita Al Aksa, Iglesia del Santo Sepulcro

Importancia/historia de la ciudad:

Esta ciudad santa es el punto central de las tres religiones monoteístas: el judaísmo, el cristianismo y el Islam. Data del encuentro de Abraham con Melquisedec, el rey de Salem, de Génesis 14. El monte Moriah, en las afueras de la ciudad, fue donde Abraham ofreció a su hijo Isaac en el altar, antes de Dios proveer el cordero. Los musulmanes dicen que fue a Ismael, no a Isaac. Años después, Jesús fue crucificado en las afueras de Jerusalén.

El rey David edificó la ciudad como capital. Su hijo Salomón edificó el primer templo judío, posteriormente destruido por los babilonios en el 586 A.C. Un segundo templo fue edificado por Zorobabel y ampliado por Herodes el Grande.

Jesús profetizó su destrucción y, en el año 70, los romanos lo demolieron piedra a piedra.

Los musulmanes dominaron la ciudad durante casi 1.300 años. Es su tercera ciudad santa, y edificaron la Cúpula de la Roca en el sitio del monte del Templo. Los cruzados la gobernaron brevemente durante el siglo doce. Los mamelucos y los otomanos la controlaron durante la ocupación británica de la Primera Guerra Mundial. Jerusalén fue reunificada otra vez bajo el gobierno israelita en 1967.

Las expectativas proféticas cristianas están enfocadas en esta ciudad de la paz. La segunda venida de Jesús al monte de los Olivos está aún por realizarse en Jerusalén.

Puntos de oración

1. Pida en oración que el velo de ceguedad sea quitado del pueblo judío y que crean a sus propias Escrituras del Antiguo Testamento.
2. Pida a Dios que una a los creyentes judíos con los árabes con tal amor que esto dirija a sus respectivos pueblos hacia el Mesías.
3. Haga oración para que el espíritu del judaísmo rabínico sea atado, pues la ciudad es, quizás, la fortaleza mayor de los espíritus religiosos de todo el mundo.
4. El 4 de octubre se celebrará el Día del Perdón. Ore por convicción de pecado y arrepentimiento y que el espíritu de gracia y de oración venga al pueblo judío.
5. Del 9 al 17 de octubre se celebrará la Fiesta de los Tabernáculos. Pida en oración que la fidelidad de Dios sea recordada y asimismo su poder para sostener a Israel a través de las pruebas.

Tel Aviv

Día 10
Significado: «colina de los manantiales»
País: Israel
Población: 2.092.000
Pobreza: Nueva inmigración ha afectado la economía.
Composición religiosa:
  81,4% judíos
  10,0% musulmanes
  2,34% cristianos
  0,16% evangélicos
Condición de la iglesia: Varias congregaciones de judíos mesiánicos y creyentes árabes.
Principales sitios religiosos:
  La Gran Sinagoga de Tel Aviv, Mezquita de Al Mahmudia de Haifa, Mezquita de Hassan Bek, Mezquita Siksik

Importancia/historia de la ciudad:

Los 70 kilómetros que separan a Jerusalén de Tel Aviv son tan diferentes como el día y la noche. Las montañas que rodean a la antigua Jerusalén dan lugar a la llanura costera del Mediterráneo sobre la cual fue edificada la moderna ciudad de Tel Aviv.

En 1909 unas 60 familias judías quisieron crear una ciudad hebrea propia. Justo al norte de Haifa (Jope) compraron tierra y crearon a Tel Aviv. Esta nueva ciudad atrajo a los inmigrantes judíos de Europa.

En Haifa Jonás tomó el barco hacia Tarsis, y Pedro tuvo su visión respecto de la limpieza espiritual de los gentiles. Por ese antiguo puerto, hoy absorbido por la rápida expansión de la metropolitana Tel Aviv, pasaron los maderos usados para edificar el templo.

Jerusalén, la antigua ciudad religiosa; Tel Aviv, la moderna ciudad secular

Durante un corto tiempo, la ciudad fue la capital del nuevo estado de Israel y la línea de abastecimiento de los judíos de Jerusalén durante la guerra de independencia de 1948. Tel Aviv ha llegado a ser el centro principal del comercio y los negocios de Israel y su aeropuerto internacional es la puerta de entrada al país.

Puntos de oración

1. Ore por la unidad del liderazgo local y asimismo entre los creyentes árabes y judíos, y que cese el espíritu juzgador y de crítica en el cuerpo del Mesías.
2. Pida en oración que los creyentes tengan mayor denuedo para testificar en público a los residentes que sean espiritualmente receptivos.
3. Ore por el establecimiento estratégico de centros de alcance en el corazón de la ciudad y por más maestros y evangelistas de habla hebrea.
4. Tel Aviv es la «capital del pecado» y Haifa es la «capital de la droga» en Israel. Opóngase en oración a las fortalezas cananeas que persisten, tales como la inmoralidad, el hedonismo y las drogas.
5. La juventud está buscando la realidad espiritual frecuentemente por intermedio de la actividad de la Nueva Era y del ocultismo. Ore por una estrategia efectiva para llegar a la juventud de la ciudad.

Estambul

Día 11

Significado: «en la ciudad»
País: Turquía
Población: 10.000.000
Pobreza: Inflación elevada y enorme crecimiento de la población han dañado la infraestructura.
Composición religiosa:
99,8% musulmanes
0,20% cristianos
0,01% evangélicos
Condición de la iglesia: 20 comunidades turcas; patriarcado de la Iglesia Ortodoxa Oriental.
Principales sitios religiosos: Basílica de Santa Sofía, Mezquita del Sultán Ahmed (Mezquita Azul), Mezquita de Suleimán Mezquita Eyup, Palacio Topkapi

Importancia/historia de la ciudad:

La ubicación estratégica de Estambul ha sido importante desde sus comienzos. Los griegos dorios conducidos por Bizas empezaron una aldea pesquera aquí en el 657 A.C., llamada Bizancio. La ciudad fue arrasada y reconstruida por los romanos en el segundo siglo A.D. Constantino tomó la ciudad en el 324 e hizo de Constantinopla la «Nueva Roma». Los bizantinos gobernaron su imperio desde aquí durante los siguientes mil años hasta que los turcos otomanos musulmanes tomaron la ciudad en 1453.

Estambul es la única ciudad que se extiende a dos continentes: Europa y Asia, separados por el estrecho del Bósforo. El estrecho es la puerta entre el mar Mediterráneo y el mar Negro.

En el 537 Justiniano terminó la Basílica de Santa Sofía, que es la iglesia más grande y hermosa que se haya construido jamás, erigida como testimonio al Señor Jesucristo. Al igual que la mayoría de las iglesias de Turquía, fue convertida en mezquita. Ahora es un museo para fomentar la armonía religiosa de la ciudad.

Estambul sigue siendo una ciudad estratégica. Industria, comercio y un valioso puerto realzan su importancia. Siendo la ciudad más grande de Turquía, marca la pauta en la occidentalización. Su población —ya la mayor de Turquía— está creciendo sin medida debido a la migración rural.

Puntos de oración

1. Pida a Dios que use las antiguas raíces de la ciudad, de capital religiosa y política, para alcanzar con el evangelio a muchos de todo el mundo musulmán.
2. Ore por la unidad y el amor entre las comunidades turcas locales.
3. Pida en oración que la crisis económica lleve a los turcos a pensar profundamente en lo vano que es perseguir solamente la ganancia material.
4. Ore a fin de que el surgimiento del partido político musulmán fundamentalista haga que los musulmanes seculares nominales vuelvan a considerar qué es el Islam y quiénes son ellos.
5. Ore por el desarrollo de la programación radial y televisiva cristianas y por la distribución de videos cristianos, especialmente de la película *Jesús*. Pida en oración que más personas usen el curso bíblico por correspondencia para aprender acerca de Jesús.

Ankara

Día 11

Significado: «desfiladero rocoso angosto»
País: Turquía
Población: 3.000.000
Pobreza: 20% de desempleo.
Composición religiosa:
  99,8% musulmanes
  0,02% cristianos
  0,01% evangélicos
Condición de la iglesia: Algunas congregaciones turcas pequeñas.
Principales sitios religiosos: Mezquita Haci Bayram Camii, Mausoleo de Kemal Ataturk, Camii Kocatepe, Ciudadela Hisar, Templo de Augusto (originariamente un Santuario de Cibeles)

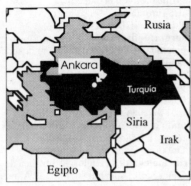

Importancia/historia de la ciudad:

A través de su historia, Ankara ha sido un centro comercial fortificado del Asia Menor. Ubicada en las rutas comerciales de este a oeste y de norte a sur, ha moldeado la historia política y mundial. Esta ubicación en la confluencia de caminos le permitió crecer e influir en muchas otras tierras, porque las noticias y hechos del mundo viajaban con los mercaderes. Ellos contaban lo que estaba pasando en otras partes del mundo.

Casi toda fuerza militar invasora conquistó y ocupó a Ankara. Los antiguos hititas (heteos) vivieron en el centro de Anatolia. Después, los cruzados lucharon por la ciudadela Hisar, y la tomaron sólo por el tiempo suficiente para que las fuerzas musulmanas los echaran.

Hoy Ankara ha sido restaurada a ciudad de gran importancia e influencia mundiales. Ahora es el asiento de muchas oficinas del gobierno, embajadas, universidades y centros médicos. Turquía desempeña un papel importante en la formación de otros países musulmanes del Asia Central porque muchos de sus habitantes son de origen común.

> En 1923 Kemal Ataturk nombró a la ciudad nueva capital

Puntos de oración

1. Pida en oración que el Espíritu Santo fortalezca a las congregaciones turcas nacionales y que, al ser fortalecidas, testifiquen a los turcos musulmanes.
2. Pida que los líderes de iglesia jóvenes maduren espiritualmente y sean ejemplo de liderazgo fiel.
3. Pida en oración que los creyentes jóvenes y solteros encuentren esposas cristianas, de modo que puedan establecerse hogares cristianos modelos para atraer a la gente a Cristo.
4. Ore a fin de que los cristianos encuentren empleos buenos y estables para alivio de la persecución económica que sufren.
5. Pida que la gran población de estudiantes universitarios sean alcanzados con el evangelio.
6. Pida que el evangelio sea visto como el bálsamo terapéutico de las profundas divisiones sociales establecidas entre los grupos religiosos, las razas, los hombres y las mujeres, y los ricos y los pobres.

Esmirna (Izmir)

Día 11

Significado: «mirra»
País: Turquía
Población: 2.500.000
Pobreza: La inflación ha golpeado a la economía
Composición religiosa:
  99,8% musulmanes
  0,02% cristianos
  0,01% evangélicos
Condición de la iglesia: Congregaciones de expatriados y de funcionarios de la OTAN, 1 congregación turca.
Principales sitios religiosos:
  Kadifekale (Monte Pagus), Templo de Artemisa (en el cercano Efeso), Mezquita Sadirvanaltur, Mezquita Hisar, Mezquita del pachá Kestane, Iglesia de San Policarpo

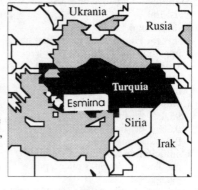

Importancia/historia de la ciudad:

Cuna del poeta Homero, Esmirna es considerada una de las ciudades más bellas del mar Mediterráneo. Su ubicación estratégica atrajo a muchos conquistadores —Alejandro el Grande, los romanos, los bizantinos y los otomanos—. En 1922 mientras Kemal Ataturk, el fundador de la moderna república turca, echaba a los griegos de la ciudad, estalló un incendio desastroso que quemó la mayor parte de Esmirna. Hasta ese año había más judíos y cristianos que musulmanes en la ciudad.

Una nueva ciudad surgió de las cenizas, la muy moderna Esmirna, con calles anchas y arquitectura contemporánea. Es un activo puerto marítimo que conecta a Turquía con Europa y Africa. Esmirna es una de las siete iglesias del Apocalipsis. A la iglesia de Esmirna se le escribe:

Yo conozco tus obras, y tu tribulación, y tu pobreza ... y la blasfemia de los que dicen ser judíos, y no lo son, sino sinagoga de Satanás. No temas en nada lo que vas a padecer. He aquí, el diablo echará a algunos de vosotros en la cárcel, para que seáis probados, y tendréis tribulación por diez días. Sé fiel hasta la muerte, y yo te daré la corona de la vida.

La iglesia de San Policarpo, en esta ciudad, recuerda el martirio de Policarpo, obispo del siglo 2.

Puntos de oración

1. Pida en oración que la ambición, el materialismo y la inmoralidad atrincherados en la ciudad sean rotos por el poder de Dios.
2. Pida que el nuevo edificio de iglesia sea un lugar protegido para los que buscan la verdad, con una atmósfera franca en la cual se explique claramente el evangelio.
3. Ore por los estudiantes de las 2 universidades, que puedan ir a Cristo y alcanzar a sus compañeros de estudios.
4. Pida que haya más congregaciones de cristianos turcos en la ciudad.
5. Haga oración a fin de que surjan líderes fieles, dispuestos a soportar la persecución, que guíen a la congregación turca.
6. Ore por la resolución pacífica del conflicto curdo, y por la efectividad del ministerio a los curdos.

Bagdad

Día 12
Significado: «dádiva de Dios»
País: Irak
Población: 4.511.000
Pobreza: La movilización militar ha impedido que la riqueza petrolera satisfaga las necesidades del pueblo; sanciones impuestas por la ONU han paralizado la economía.
Composición religiosa:
95,4% musulmanes
0,3% cristianos (principalmente católicos)
0.03% evangélicos
Condición de la iglesia: Ortodoxos y católicos de antiguas raíces; pocos evangélicos.
Principales sitios religiosos: Mezquita Marjan, Mezquita de Gailaní

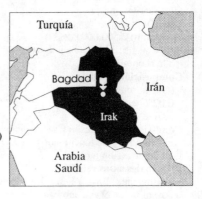

Importancia/historia de la ciudad:

Después del diluvio la gente construyó una torre sumamente alta. De la torre de Babel emigraron todos los grupos étnicos del mundo tras la confusión de las lenguas. El sitio llegó a ser después la ciudad de Babilonia, el centro de los imperios de Hammurabi y Nabucodonosor. Partida en dos por el río Eufrates, tuvo fama mundial por sus jardines colgantes. Tras ser tomada por Alejandro el Grande, Babilonia comenzó a decaer hasta quedar en ruinas. Los persas, los griegos y los romanos pelearon por la zona dominándola debido al potencial agrícola del fértil valle entre los ríos Eufrates y Tigris.

Bagdad fue fundada por Abu Yafar al-Mansur en 762 A.D., junto al río Tigris. En el siglo noveno Bagdad había crecido para tener casi un millón de habitantes y constituir parte de un imperio predominantemente musulmán que se extendía desde el occidente de China hasta el norte de Africa. La gente viajaba a Bagdad porque era el centro educacional del mundo conocido. Muchas otras potencias controlaron la zona después que dicho imperio perdió poder y riqueza. La ciudad cayó en el deterioro económico y la población disminuyó.

En la década de los treinta, Irak se independizó, teniendo a Bagdad como capital. Los aldeanos se trasladaron en masa a la capital para mejorar su vida. La guerra del golfo Pérsico infligió severos daños a la ciudad.

Puntos de oración

1. Después de la guerra del Golfo el gobierno permitió que un cargamento de Biblias entrara en Bagdad. Pida en oración que la Palabra de Dios produzca una gran cosecha.
2. Pida que Saddam Hussein detenga la represión de las minorías étnicas y la discriminación de los cristianos.
3. La mayoría musulmana ha mostrado recientemente mayor interés por el evangelio. Ore por el incremento de los esfuerzos evangelizadores entre los musulmanes.
4. La película *Jesús* fue presentada por la televisión nacional en 1991. Ore para que siga siendo presentada y distribuida continuamente y que resulte en una gran cosecha.
5. Ore por el avivamiento de las iglesias ortodoxa y católica y por el crecimiento continuo de los grupos evangélicos que se reúnen en casas.

Teherán

Día 12

Significado: «pura» o «bella»
País: Irán
Población: 7.509.000
Pobreza: Barrios de chabolas dentro y alrededor de la ciudad
Composición religiosa:
98,0% musulmanes
0.5% behaíes
0,4% cristianos
0,03% evangélicos
Condición de la iglesia: Los evangélicos enfrentan una gran persecución.
Principales sitios religiosos:
Aramgah-e-Imam Khomeini (tumba de Jomeini), Mezquita de Sipah-salar, Catedral Armenia, Mezquita del Rey

Importancia/historia de la ciudad:

Ubicada al pie de las montañas Elburz y en las rutas comerciales, Teherán era una aldea pequeña. Con el tiempo, fue una ciudad fortificada que protegía a los mercaderes y viajeros. A fines del siglo 12 y hasta el 17, los invasores mogoles y safawis tomaron la ciudad y la desarrollaron.

Un período muy agitado siguió hasta que Aga Muhammed reunió un ejército que conquistó a toda Persia. Su capital fue Teherán, donde él mismo se había coronado sha (el monarca de la zona). Otros shas tomaron su lugar mientras la ciudad seguía desarrollándose. Las casas de adobe se construyeron hace 200 años con escasa consideración de la planificación urbana.

Cuando llegó el siglo 20, también arribó la modernización. Las calles fueron trazadas reticularmente, la población se expandió (la mayoría provino de zonas rurales de Irán) y la contaminación comenzó a ser una creciente amenaza para la salud. El Sha fue reemplazado en 1979 por el Ayatola; así Irán cambió, de orientación occidental a fundamentalismo islámico.

La guerra entre Irán e Irak obligó a muchos que vivían en el oeste de Irán a buscar trabajos y seguridad en la capital. Teherán siguió creciendo, muchas comunidades de chabolas llenaron los suburbios del sur. Se espera que por el rápido crecimiento de la población Teherán sea pronto una de las diez ciudades más grandes del mundo.

Puntos de oración

1. Varios líderes cristianos han sido martirizados recientemente. Pida en oración que termine la persecución de la iglesia por parte del gobierno.
2. Ore por los creyentes para que sigan con denuedo y llenos de gozo, y que sean restauradas las libertades constitucionales, a las que se opone tenazmente la mayoría musulmana.
3. Pida que este centro del fundamentalismo islámico no siga exportando su tiranía a otros países musulmanes.
4. Pida que vuelva a permitirse a los misioneros trabajar en el Irán.
5. Ore a fin de que el Espíritu Santo renueve a las tradicionales comunidades de cristianos armenios y asirios.

Mashhad

Día 12

Significado: «lugar de martirio»
País: Irán
Población: 2.450.000
Pobreza: La migración ha originado más comunidades pobres.
Composición religiosa:
99,0% musulmanes
0,2% cristianos
0,02% evangélicos
Condición de la iglesia: Pocos creyentes e iglesias.
Principales sitios religiosos: Complejo del Santuario del Imán Reza, Mausoleo de Gombade Sabz, Mausoleo de Quaye Rabil

Importancia/historia de la ciudad:

Mashhad es la ciudad más santa de Irán. En el siglo 9 el imán Reza (el único imán sepultado en Irán antes del Ayatollah Jomeini) fue envenenado y martirizado en la ciudad. El fue el octavo imán (máximo líder espiritual) del Islam chiíta. Su santa posición hizo que su tumba sea un lugar sagrado donde adoran los peregrinos.

Antes de su muerte, la ciudad era conocida como Sanabad, pequeña aldea al norte de Persia. Después de su muerte, peregrinos venían y decidían quedarse en Mashhad. La aldea creció hasta convertirse en una pequeña ciudad debido a su santuario. Las fuerzas musulmanas sunitas saquearon la ciudad, seguidas por los mogoles del siglo trece. El santuario fue muy dañado y, después de un tiempo, reconstruido.

En el siglo 16 tres dinastías safawis reinantes establecieron el Islam chiíta en todo el territorio. El santuario fue restaurado, agrandado y se construyó una mezquita. Estos reyes hicieron peregrinaciones al sitio, y desde entonces se ha vuelto el sitio de peregrinación más santo para los chiítas de Irán.

Hace pocos años un grupo *mujaidin* religioso inició una revuelta que convirtió la zona en un campo de batalla. Murieron más de 40 personas y los que empezaron la revuelta fueron ahorcados por la Guardia Revolucionaria. Una inundación, que se cree fue castigo adicional, mató más personas siete días después.

Puntos de oración

1. Pida en oración que esta fortaleza islámica sea penetrada por el poder transformador del evangelio.
2. Pida que la radio y los videos cristianos puedan ser ampliamente repartidos y recibidos.
3. Pida que las Biblias y la literatura cristiana que se manda por correo lleguen a los destinatarios.
4. Los actos terroristas en sitios religiosos han causado recientemente la muerte de muchos peregrinos. Pida a Dios que la desilusión haga que los buscadores de la verdad encuentren a Jesús.
5. Ore por fortaleza y gozo para los creyentes que viven en un ambiente tan hostil.

Penetrando con oración en las 100 ciudades de acceso

ASIA CENTRAL

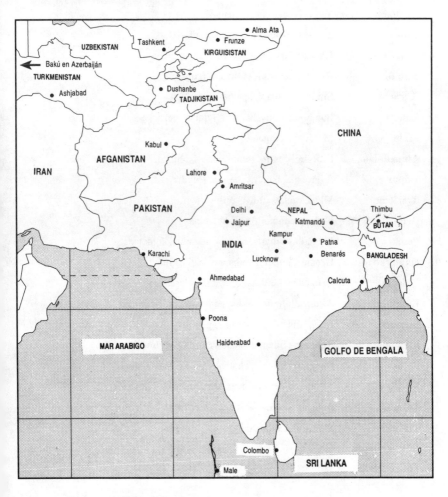

De la Ventana 10/40

24 Ciudades

CIUDAD	PRINCIPALES PUEBLOS NO ALCANZADOS
Bakú	Azeríes, tátaros, baskiríes, chechenios
Ashjabad	Turcomanos, uzbekos, rusos, kosakos
Tashkent	Uzbekos, tadjiks, kosakos, rusos
Dushanbe	Tadjiks, uzbekos, coreanos
Frunze	Kirguis, uzbekos, rusos, ucranianos
Alma Ata	Kazakos, uzbekos, tátaros, rusos, uigures
Kabul	Pashtus, hazaras, tadjiks, turcomanos
Karachi	Sindhis, punjabis, pathanos, beluchis
Lahore	Punjabis, urdus, hazaras, tadjiks
Male	Maldivos, cingaleses
Ahmedabad	Bhils del centro, minas, sindis, bhils del sur
Jaipur	Rajastanis, bangris, bagris, wagdis
Amritsar	Sikhs, minas, urdus, garhwalis
Delhi	Urdus, cachemiros, sikhs, minas
Poona	Magadhis biharis, berares marathis, konkaneses
Haiderabad	Decanis, bundelkandis, gormatis, tulus
Calcuta	Bengalíes, hindúes, urdus, nepaleses
Kanpur	Awadis, biharis, urdus, garhwalis
Benarés	Bhojpuris biharis, malvis, maitilis
Lucknow	Bhojpuris biharis, kanaujis, urdus, garhwalis
Patna	Bhojpuris biharis, chatisgarhis, korthas biharis
Katmandú	Tibetanobirmanos, nepaleses, maitilis, bhojpuris
Thimbu	Butaneses, drukpas, nepaleses
Colombo	Moros de Ceilán, cingaleses, tamiles

Bakú

Día 13

Significado: «vendavales»
País: Azerbaiján
Población: 1.808.000
Pobreza: Aumento de la pobreza desde la caída de la URSS
Composición religiosa:
  80,0% musulmanes
  17,3% ateos
  2,67% cristianos
  0,01% evangélicos
Condición de la iglesia: Iglesias rusas ortodoxas y armenias; 200 creyentes nacionales.
Principales sitios religiosos: Mezquita Lezgi, Mezquita Dzhuma, Mezquita Adjarbek, Minarete Synyk Kala

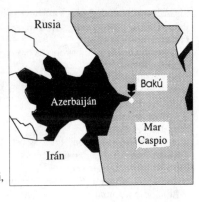

Importancia/historia de la ciudad:

Los pozos petroleros permitieron que la gente sacara petróleo del suelo y adorara a su dios. Un fuego perpetuo era mantenido por los sacerdotes que, como zoroastrianos creían en Ahura Mazda, un dios que mandaría a su hijo como «expresión» especial de sí mismo para el mundo inferior. Se creía que una virgen se bañaría en un lago en el este, quedaría embarazada y daría a luz un hijo.

Bakú, pueblo fortificado, se levantaba y caía al pasar diferentes potencias por la zona. Los persas, los musulmanes, los árabes, los turcos seléucidas, los mogoles y los rusos, todos controlaron esta ciudad de las tierras bajas adyacentes al mar Caspio.

El petróleo, que se hallaba muy próximo a la superficie, atrajo a muchos a la zona hace 100 años. En 1901 Bakú más de la mitad del petróleo que el mundo necesitaba. Durante las guerras mundiales Primera y Segunda, Bakú fue objeto de importancia militar. Hitler envió tropas para conquistar los campos petroleros, pero los rusos los contuvieron en Stalingrado.

Durante setenta años Bakú estuvo conectada a la URSS, pero ahora se vuelve a los vecinos musulmanes del sur para el comercio y asistencia económica.

En 1989 una madraza (escuela superior islámica) fue abierta en esta ciudad —la primera después que todas fueron cerradas en los años veinte.

Puntos de oración

1. Las esperanzas nacionalistas han dado auge a un avivamiento islámico. Pida en oración que la libertad religiosa continúe y que disminuya el sentimiento anticristiano.
2. Pida que la juventud de la ciudad pueda oír el evangelio y ser salva.
3. Una masacre de los armenios de la ciudad, efectuada en 1989, ha dado lugar a un movimiento independentista armenio. Pida a Dios que cese la lucha y que haya reconciliación.
4. No hay congregaciones azerbaijanas. Pida que Dios establezca una iglesia autóctona y levante a sus líderes.
5. Pida que haya obreros bivocacionales diestros que sean llamados a trabajar en la ciudad.
6. Los campos y los pozos petroleros han causado mucha contaminación. Ore por la gente que sufre debido al agua y al suelo contaminados.

Ashjabad

Día 13
Significado: «ciudad de los amantes»
País: Turkmenistán
Población: 407.000
Pobreza: Aumento de la pobreza desde que cayó la URSS.
Composición religiosa:
- 76,0% musulmanes
- 18,2% ateos
- 5,7% cristianos
- 0,01% evangélicos

Condición de la iglesia: Iglesias ortodoxas rusas, bautistas y carismáticas; sólo unos pocos creyentes turcomanos.
Principales sitios religiosos: Mezquita de Behaist, Mezquita Kan Abdul Qasim-Babir (cerca de Anau)

Importancia/historia de la ciudad:

El nombre de la ciudad proviene del cuento de dos amantes que enojaron a Alá, el cual convirtió en un río a la mujer y en una ciudad al hombre. Entre ellos puso un desierto para separarlos.

El desierto de Kara Kum, con su ardiente calor, dificultó mucho la vida de los nómadas. El agua podía hallarse sólo en unas pocas aldeas de oasis esparcidos por el desierto. En el oasis de Kopet Dag los rusos construyeron una fortaleza en el siglo 19 para cuidar sus intereses comerciales en Persia. Ellos construyeron ferrocarriles que cruzaban el desierto, y lograron que Ashjabad se volviera en creciente centro del comercio entre el norte y el sur.

En 1948, un terremoto de 9 grados de la escala de Richter, que destruyó las casas de adobe, y dejó en pie sólo 12 edificios y causó más de 100.000 muertos. De los escombros surgió una nueva y reforzada ciudad de concreto.

Con la construcción del canal de Kara Kum, que permite que fluya el agua del mar Caspio al desierto, Ashjabad tiene una gran fuente de agua que permite el desarrollo de grandes proyectos agrícolas.

Esta capital es famosa en todo el mundo por sus alfombras hechas a mano.

Puntos de oración

1. Los hombres ancianos de la sociedad turcomana son respetados por la familia y las amistades. Pida a Dios que los toque y que, a su vez, éstos esparzan el conocimiento de Cristo familia por familia.
2. La cultura islámica turcomana había sido suprimida por los soviéticos, pero ahora muchos buscan las cosas espirituales. Pida que la búsqueda les muestre su necesidad de tener un Salvador.
3. En Ashjabad residen muchas personas educadas receptivas a nuevas ideas. Pida que esta gente aproveche las oportunidades de escuchar el evangelio.
4. Pida a Dios que despierte el interés por la Biblia en ruso, que está a disposición de los turcomanos. Muchos de ellos leen ruso y pueden aprender acerca de Jesús en la Palabra. Pida que la traducción de la Biblia al turcomano sea completada y eficaz.
5. Ore por obreros para equipar a la iglesia autóctona.

Tashkent

Día 13
Significado: «ciudad de piedra»
País: Uzbekiztán
Población: 2.037.000
Pobreza: Aumento de la pobreza desde que cayó la URSS.
Composición religiosa:
60,0% musulmanes
35,0% ateos
4,7% cristianos
0,13% evangélicos
Condición de la iglesia: Congregaciones rusas y coreanas; unos pocos creyentes uzbekos.
Principales sitios religiosos: Mezquita y Madraza Barak Khana, Mausoleo del jeque Zein-ad-Din, Mezquita Rakat (Nueva)

Importancia/historia de la ciudad:

Siendo la cuarta ciudad más grande de la ex Unión Soviética y la primera del Asia Central, Tasheknt se asienta como Monumento del siglo 20 en una tierra de pueblos antiguos y que, en muchos sentidos, no han cambiado.

Casi destruida por completo por un terremoto en 1966, los urbanizadores soviéticos reconstruyeron a Tashkent como una ciudad rusa típica: con altos edificios de oficinas, muchos parques, un sistema de trenes subterráneos muy ornamentado y bulevares con filas de árboles a sus costados. Como capital de Uzbekistán, las decisiones hechas en Tashkent influyen en toda la región.

Antes de la caída de la Unión Soviética en 1991, los uzbekos nacidos y criados en Tashkent solían sentirse más cómodos al hablar en ruso que en el uzbeko de sus antepasados. El uzbeko, hoy idioma oficial, ha obligado a irse del país a muchos profesionales idóneos que hablan el ruso. Con la nueva moneda, el *soom*, y la economía que se mueve veloz hacia la hiperinflación, muchos empezaron a buscar la salvación económica emigrando a Occidente.

Tratando de estorbar a la iglesia, los musulmanes locales pidieron, en abril de 1994, al gobierno que obligara a las iglesias protestantes a dejar de evangelizar a los uzbekos. Ninguno de los representantes de la iglesia cristiana firmó este acuerdo.

Puntos de oración

1. Ore por los creyentes que enfrentan la creciente presión y persecución: que tengan denuedo, sabiduría, unidad y amor.
2. Alabe a Dios por lo que está haciendo en los uzbekos y de otras nacionalidades en Tashkent. Pídale que envíe más obreros a segar.
3. Ore por el presidente y su gabinete: por sabiduría, y que la justicia y la rectitud gobiernen y reinen en sus corazones y en sus decretos.
4. Como capital islámica del Asia Central, todas sus repúblicas musulmanas miran al *muftí* instalado en Tashkent. Pida que haya insatisfacción con el Islam y recepción para el cristianismo.
5. Ore por los pocos creyentes uzbekos: que se levante una iglesia verdaderamente autóctona.

Dushanbe

Día 14

Significado: «segunda noche» o «lunes»
País: Tadjikistán
Población: 620.000
Pobreza: Aumento de la pobreza desde que cayó la URSS
Composición religiosa:
  82,3% musulmanes
  13,2% ateos
  4,2% cristianos
  0,02% evangélicos
Condición de la iglesia: Iglesias rusas y ucranianas; unos pocos creyentes nacionales.
Principales sitios religiosos: Adjnatepe Hill (budista), Mezquita del Shamaisur, Mezquita Knaji Yakub, Tumba de Yakub Charkhi

Importancia/historia de la ciudad:

La Ruta de la Seda torcía su senda a lo largo de las estribaciones y laderas de las mesetas de Pamir. Una fortaleza de barro en el valle del Gissar estaba cerca del río Dushanbinka. Los mercaderes budistas seguían las rutas comerciales desde la India hasta el Asia Central, trayendo consigo el budismo. Los residentes del siglo 7 edificaron un Buda de 12 metros de alto como santuario para el culto.

Los invasores musulmanes se abrieron paso desde el sur para ser luego reemplazados por otros invasores procedentes del norte. La pequeña ciudad tenía poco interés, y siguió pobre hasta la invasión de los rusos, que la hicieron la capital de la República Tadjik. Se construyó un ferrocarril que la unió a la gran Unión Soviética, lo que trajo rusos a la ciudad para establecerla como «Stalinabad». Después el nombre volvió a ser Dushanbe. La ciudad aumentó de población a medida que se instalaron industrias. Con el colapso de la URSS sobrevino el colapso de la paz en Dushanbe.

Por la noche la ciudad se volvía zona de batalla, controlada por quienes tenían más armas. La policía desaparecía de las calles al ir aumentando la guerra civil por el poder. Las fuerzas islámicas, las nacionalistas y los opositores democráticos, todos, procuraban deponer al gobierno tadjik respaldado por los rusos (mayormente antiguos líderes comunistas). La lucha sigue.

Puntos de oración

1. Pida en oración que los líderes traigan la paz a esta ciudad desgarrada por la guerra, para que pueda proclamarse al Príncipe de paz.
2. La mayoría de los cristianos rusos, ucranianos y alemanes han emigrado debido a la contienda. Ore por los pocos que quedan para que sean el núcleo de una nueva iglesia multiétnica.
3. Pida que los tadjiks musulmanes se vuelvan al Señor y que se levanten obreros que hablen bien el idioma.
4. Ore por la difusión de la Biblia y de la película *Jesús* recientemente traducidos al tadjik.
5. Pida que los pocos creyentes tadjiks alcancen a sus compatriotas tadjiks con amor y denuedo.

Frunze

Día 14

Significado: (Bishkek) «un palo usado para batir la leche de yegua»
País: Kirguisistán*
Población: 710.000
Pobreza: Aumento de la pobreza desde que cayó la URSS
Composición religiosa:
  60,0% musulmanes
  27,9% ateos
  11,8% cristianos
  0,16% evangélicos
Condición de la iglesia: La iglesia ortodoxa rusa comprende a la mayoría; unos pocos creyentes nacionales.
Principales sitios religiosos:
  Mezquita de la calle Gogol

Importancia/historia de la ciudad:

Las tremendas montañas de Tien Shan separan a la China occidental de las estepas del Asia Central. Los nómadas kirguis vivían en *yurts* (tiendas) redondas y se trasladaban por temporadas con sus rebaños de las montañas a las llanuras. Las montañas obligaban a que las rutas comerciales pasaran por sus estribaciones y muchos deseaban controlar esas rutas. Los chinos, otros pueblos del Asia Central, los árabes y los mongoles asolaban la región procurando dominarla. Durante gran parte de los últimos dos milenios, otros han gobernado esta tierra.

Bishkek, otro nombre que se le da a Frunze, era sólo uno de muchos asentamientos establecidos a lo largo de la extendida Ruta de la Seda. Desde estos sitios los viajeros tomaban la ruta comercial, y la gente de la región compraba y vendía mercaderías. Un kan dominaba sólo para ser sustituido por otro en la continua lucha por dominar esta zona estratégica.

En 1825 fue construida una fortaleza en el valle del río Chu para proteger a los cobradores de impuestos contra los piratas kirguis de la Ruta de la Seda. Los rusos invadieron después el Asia Central y este pequeño fuerte de la Ruta de la Seda fue fácil presa para ellos en 1865. Rusia estableció ahí una fortaleza y una ciudad. Mientras estuvo bajo dominio soviético la región se desarrolló como capital y centro educacional y económico del Kirguisistán.

Puntos de oración

1. Pida en oración que desaparezca lo que queda en la cultura de ocultismo, shamanismo y posesión demoníaca.
2. Ore por la unidad de los cristianos étnicos inmigrantes. Sus divisiones han tenido un impacto negativo en el testimonio de la iglesia.
3. Ore por la iglesia kirguis en desarrollo, que sea realmente autóctona y dirigida por líderes piadosos.
4. Pida que los obreros del exterior usen de sabiduría y discernimiento al compartir el evangelio dentro de un contexto sensibilizado a la cultura kirguis.
5. Ore por la distribución del Nuevo Testamento y de otras publicaciones y literatura cristiana en idioma kirguis.

Alma Ata

Día 14

Significado: «padre de las manzanas»
País: Kazakistán
Población: 1.197.000
Pobreza: Aumento de la pobreza desde que cayó la URSS
Composición religiosa:
   40,0% musulmanes
   32,6% ateos
   27,0% cristianos
   0,73% evangélicos
Condición de la iglesia: Ortodoxa rusa; unas pocas congregaciones kazakas nuevas.
Principales sitios religiosos:
   Mezquita de la calle Pushkin

Importancia/historia de la ciudad:

Los kazakos se enorgullecen de Alma Ata, la capital de Kazakistán, conocida por su hermoso enclave junto a las montañas del Tien Shan. La Ruta de la Seda pasaba por la zona, y trajeron a las hordas mongoles desde el norte, las que dejaron sus rasgos mongoloides y la religión musulmana.

Hoy Alma Ata es el centro gubernamental, comercial y educacional del país. Sin embargo, para evitar la desintegración del país, el parlamento ha votado por el cambio de capital para el año 2000, de Alma Ata a la ciudad norteña de Akmola. La caída del comunismo echó abajo las estructuras religiosas y políticas, empujando a los kazakos a un vacío ideológico. Siempre se les había dicho qué hacer y qué creer, pero ahora tienen libertad para elegir. El Islam atrae a algunos debido a que da clara orientación para vivir y respalda el legado kazako. Otras religiones y sectas reclaman lealtad, mientras que el materialismo secular está ganando muchos corazones.

Además, el comunismo sigue siendo una amenaza: un camaleón que ha cambiado sus colores para mimetizarse y sobrevivir.

Los kazakos están en un punto histórico crucial. Desean creer en algo después de tantos años de comunismo.

Puntos de oración

1. Pida en oración que las fuerzas comunistas del ateísmo sean completamente eliminadas, y que este vacío ideológico no sea llenado con el Islam o alguna otra secta. Ore en contra de la difusión de las religiones falsas que tratan de atrapar a los kazakos.
2. Muchas naciones islámicas están tratando de influir en Kazakistán, y presionan cada vez más a fin de limitar el testimonio cristiano. Pida que el evangelio no sea restringido.
3. Pida que Alma Ata sea un punto donde líderes, estudiantes y empresarios kazakos que la visitan encuentren al Señor y, entonces, diseminen Su luz por todo Kazakistán.
4. Ore por esta nación al cambiar su capital —con la esperanza de que se evite la guerra civil.
5. Ore por la oficina de la Sociedad Bíblica que ha sido recientemente abierta y que toda la Biblia sea traducida al kazako.

Kabul

Día 15

Significado: «puente de paja» o «Caín»
País: Afganistán
Población: 2.051.000
Pobreza: La guerra civil ha causado escasez de alimentos y aumento de la pobreza.
Composición religiosa:
99,0% musulmanes
0,9% budistas
0,01% evangélicos
Condición de la iglesia: Sólo uno pocos creyentes secretos.
Principales sitios religiosos: Shire de Alí, Templo de Khair Khaneh, Templo Asmayi (hinduista), Mezquita Poli Khisti, Cementerio de los Mártires Píos

Importancia/historia de la ciudad:

Las memorias de Babur el Grande dicen que Caín edificó a Kabul. Ubicada en una cuenca situada a unos 1.525 metros de altura y rodeada de montañas, Kabul se desarrolló como centro comercial. La gente cernía la arena del río Kabul en busca de oro en polvo. Surya, un dios solar era adorado con sacrificios de sangre. La montaña central Asmayi es llamada así por una diosa hinduista de la naturaleza que tiene ocho brazos (hermana de Durga y Kali de la India), cuyo Santuario está junto a una de las puertas de la ciudad.

Kabul ha sido conquistada repetidamente por ejércitos invasores como los griegos, los mogoles, los árabes, los ingleses y los soviéticos. El muro de Kabul fue penetrado por los musulmanes en el siglo 7, después de haber resistido durante 100 años.

En 1978 un golpe comunista preparó el escenario para la invasión soviética realizada un año y medio después. La consiguiente guerra dejó 80% ciento de las aldeas destruidas. Durante los ocho años que duró la ocupación soviética, Kabul estuvo protegida de la destrucción. Cuando cayó el régimen «títere» de Najibullah, las triunfantes facciones de los *mujahidin* se volvieron unas contra otras y destruyeron mucho de la ciudad. La feroz lucha entre los grupos musulmanes ha hecho que muchos duden del Islam. Los diferentes grupos de *mujahidin* controlan ciertas partes de la ciudad. Las balas rompen las ventanas y se roban automóviles a punta de pistola. Los cohetes han reducido a escombros no menos de la mitad de la ciudad, y la vida vale poco.

Puntos de oración

1. En 1973 el gobierno destruyó la iglesia cristiana internacional de Kabul, y trajo lo que parece ser una maldición para el gobierno y la ciudad. Pida en oración que la maldición sea convertida en la bendición de conocer a Jesús.
2. El país necesita un líder fuerte. Pida que un líder piadoso como el rey Ciro sea levantado para establecer la ley y el orden en la ciudad.
3. Ore por el desarme de las múltiples facciones y por la paz entre los grupos étnicos. Ore por que se otorguen los derechos humanos y las libertades a las personas.
4. Pida que Dios use esta violencia insensata para hacer avanzar Su evangelio y por la reconstrucción de la ciudad y el regreso de los refugiados de alrededor del mundo.
5. Pida que se levante en la ciudad una congregación viable de creyentes nacionales.

Karachi

Día 15

Significado: nombre original «Kullachi»
País: Pakistán
Población: 9.506.000
Pobreza: En aumento debido a la migración.
Composición religiosa:
  96,0% musulmanes
  1,5% hinduistas
  2,5% cristianos
  1,0% evangélicos
Condición de la iglesia: Crece por los que nacen en hogares cristianos.
Principales sitios religiosos: Mausoleo de Quaid-i-Azam, Mezquita de la Sociedad de la Defensa, Santuario (sufí) Abdulah Sha Ghazi

Importancia/historia de la ciudad:

Hasta mediados del siglo 19 Karachi era sólo una pequeña aldea pesquera y un fuerte interpuesto entre el mar Arábigo y la extensión del desierto hacia el norte. Los británicos fueron tomando interés en la zona en el transcurso del tiempo. Construyeron una base naval y cambiaron la capital territorial de Hajiderabad a Karachi.

Se construyeron los ferrocarriles que la conectaron con el norte, se amplió el puerto, se pavimentaron caminos, y Karachi llegó a ser un lugar de migración por primera vez. La población creció rápidamente. Como capital y centro comercial, mucha gente se trasladó a la zona una vez que enormes proyectos de riego convirtieron el cálido desierto en suelo agrícola.

En 1963 la capital de Pakistán fue trasladada a la ciudad planificada de Islamabad. Karachi, la principal ciudad portuaria del país, siguió siendo el centro comercial. Islamabad es conservadora, con muchas mujeres que usan velo y el tradicional ropaje negro. En cambio, Karachi usa ropa occidental y es más liberal.

El abastecimiento de agua es siempre un problema en el desierto. El sistema de agua de Karachi resulta insuficiente para la creciente población.

El monumento más impresionante de Karachi es la tumba de Muhammad Ali Jinnah, el hombre que condujo al país a la independencia y que sirvió como su primer gobernador general.

Puntos de oración

1. Ore por la efectividad del ministerio al millón de drogadictos de la ciudad.
2. Ore por la evangelización de los mohajires, los musulmanes ismaelitas y los refugiados afganos.
3. Ore por la salvación del millón de beluchis de la ciudad; hay, que sepamos, sólo 10 creyentes beluchis en el mundo.
4. Pida en oración que los conflictos interétnicos, los raptos y los crímenes violentos de la ciudad hagan que la gente mire a Jesús en busca de respuestas.
5. Pida que los pocos creyentes que hablan pushto puedan proclamar con denuedo el evangelio a los 2.000.000 de pathanos de la ciudad.
6. Pida que la iglesia sea sanada de las divisiones y librada de las supersticiones y prácticas hinduistas, y que los pastores sean fortalecidos.

Lahore

Día 15

Significado: «hierro» —indica fortaleza.
País: Pakistán, provincia del Punjab*
Población: 4.926.000
Pobreza: A muchos aflige la pobreza.
Composición religiosa:
  95,0% musulmanes
  0,5% hinduistas
  3,5% cristianos
  2,0% evangélicos
Condición de la iglesia: *creciente, con unas pocas congregaciones grandes y visibles.*
Principales sitios religiosos: Mezquita Sunehri, Mezquita Badshahi, Mezquita Wazir Kan, templo funerario del Gran Mogol, Masjid-e-Shuhuda

Importancia/historia de la ciudad:

Edificada en las rutas comerciales entre el subcontinente indio y el Asia Central, Lahore ha presenciado muchas batallas. Las fuerzas invasora han peleado repetidamente por la ciudad, que ha sido la capital del Punjab por más de 1.000 años. El río Ravi provee toda el agua necesaria para su cálido entorno árido. Se hizo un gran canal de riego que permitió a la ciudad extenderse a lo largo de sus riberas.

En el siglo once las fuerzas islámicas tomaron el control de la ciudad. Las facciones musulmanes combatieron por ella durante los siglos siguientes. Los reyes mogoles del siglo 16 la hicieron Centro Islámico del saber y las artes. El fuerte amurallado de Lahore, edificado en 1560, llegó a ser la principal defensa de la ciudad. Su destrucción y reconstrucción repetidas atestigua que la ciudad fue un campo de batalla. En 1770 Lahore fue vendida a un gobernante hindú sikh, y después los ingleses asumieron el control. Con la independencia de Pakistán en 1947, la ciudad regresó al gobierno islámico.

Karachi es el centro comercial, Islamabad es el centro político y Lahore es el centro cultural. Como centro cultural es la protectora de las modalidades y tradiciones islámicas. El Jardín Shalimar, edificado por el Sha Jahan en 1642 es un agradable lugar para escapar de los meses de verano sumamente cálidos.

═══ Puntos de oración ═══

1. Pida en oración que los que practican el folklore islámico, adorando al santo patrono de la ciudad, escuchen la buena nueva de Jesucristo.
2. Ore por la protección de los nuevos creyentes que sufren persecuciones, principalmente de parte de los parientes, debido a su fe.
3. Pida que las críticas acerbas, la política y la corrupción no sigan estorbando el testimonio de la iglesia, y que la armonía, la pureza y la unidad caractericen, en cambio, a la iglesia. Ore por los líderes de la iglesia para que marquen la pauta en esto.
4. Pida que la asamblea provincial de Lahore tenga representantes temerosos de Dios que tomen decisiones piadosas para el bienestar de la provincia y del país.
5. Varias organizaciones cristianas tiene sus oficinas centrales en la ciudad. Ore por sabiduría para sus líderes y por la efectividad del ministerio de ellos en la ciudad.

Male

Día 16

Significado: «montaña»
País: Maldivas
Población: 50.000
Pobreza: La mayoría viven en un nivel de subsistencia.
Composición religiosa:
  99,4% musulmanes
  0,5%   budistas
  0,1%   cristianos
Condición de la iglesia: Ningún creyente maldivo oficialmente reconocido.
Principales sitios religiosos:
  Gran Mezquita del Viernes,
  Mezquita Hukuru

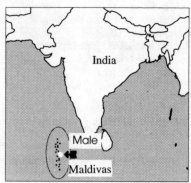

Importancia/historia de la ciudad:

Poco se sabe de la antigua historia de Male. Se cree que la pequeña nación del archipiélago de las Maldivas fue fundada por marinos de la India, Sri Lanka y otros países.

Es probable que la gente adorara al sol como dios, y creyera también en los espíritus malos. Debido a que la mayoría de las 1.192 islas están sólo a uno o dos metros por encima del nivel del mar, los antiguos sitios de templo han sido convertidos en mezquitas. La mayoría de las mezquitas del mundo se construyen con su fachada hacia La Meca; en las Maldivas cuando los musulmanes oran, miran hacia el rincón de la mezquita, porque los viejos cimientos miran al sol.

El Islam llegó al país en el siglo doce cuando establecieron su control los mercaderes norafricanos y árabes. Hacia el siglo 16 los portugueses deseaban influir más en el comercio de las Indias Orientales y edificaron un fuerte en Male, reemplazaron al sultán musulmán de entonces, y expandieron su dominio. Los seguidores del sultán se rebelaron y masacraron a los portugueses.

El sultán estableció firmemente el Islam como religión del estado y ha seguido siendo la única religión de la zona. Male ha estado protegida por otros gobernantes, pero nunca completamente dominada por potencias foráneas.

Puntos de oración

1. Pida en oración que puedan importarse legalmente Biblias y literatura cristiana y que cese la censura de la correspondencia que llega.
2. Pida que se pongan a disposición Biblias en idioma maldivo y que cambien las leyes contrarias a la conversión.
3. Pida que pueda ser eliminada la sospecha y el prejuicio contra el cristianismo.
4. Pida que sean levantadas las restricciones contra los medios de comunicación masivos cristianos y que se pueda oír el evangelio, y que se desarrolle una programación radial cristiana.
5. Pida en oración que los obreros bivocacionales puedan obtener las visas de residencia para trabajar en la ciudad.
6. Pida que los expatriados cristianos tengan la sabiduría y el discernimiento en cuanto a cuándo y cómo compartir el evangelio con los residentes de la ciudad.

Ahmedabad

Día 16

Significado: «ciudad de Ahmed»
País: India, estado de Gujarat
Población: 4.396.000
Pobreza: 41% vive en barrios de chabolas
Composición religiosa:
 75,0% hinduistas
 10.93% musulmanes
 5,0% sikhs
 3,58% cristianos
 0,52% evangélicos
Condición de la iglesia: 63 iglesias
Principales sitios religiosos: Mezquita de Jami Masjid, Mezquita de Sidi Saiyad, Mezquita de Ahmed Sha, Templo Hathee Singh, Templo Hathee Singh

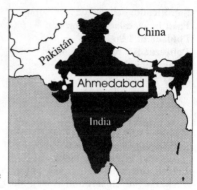

Importancia/historia de la ciudad:

Ahmd Sha I, sultán del estado de Gujarat de la India occidental, fundó la ciudad a comienzos del siglo 15. La ciudad nació junto al río Sabarmati, donde él construyó la ciudad en el sitio de Karnavati. Karna era un dios hindú, hijo del sol y de Pritha. Se dice que Karna nació con armas y armadura. Fue posteriormente muerto en combate y su fama religiosa murió con él.

Con el cambio de nombre de la ciudad también llegó un fortalecimiento del Islam. Se edificaron mezquitas y el Islam creció firmemente. La Mezquita de Jami Masjid fue construida donde estaba el demolido Templo Jain. Siguen las tensiones entre los hinduistas y los musulmanes. El Mahatma Gandhi anhelaba la unificación pacífica de las dos religiones. Desde Ahmedabad caminó hasta el océano Indico para protestar contra las Leyes Salt. Sin embargo, el surgimiento del BJP, un partido político hindú radical, ha amenazado con desestabilizar la vida política y el equilibrio social del país. El BJP amenaza la libertad de las religiones minoritarias.

La ciudad es uno de los centros textiles más importantes de la India. Sin embargo, tiene una enorme población en barrios de chabolas con ninguna o inadecuadas comodidades básicas. La mayoría son analfabetos y están desempleados, y los niños callejeros son el subproducto de esta trágica situación.

Puntos de oración

1. El festival hinduista Navariati también ha atraído a muchos cristianos, afectando adversamente su fe. Pida en oración que los creyentes sean renovados por el Espíritu Santo.
2. Pida que la marcha por la paz que hacen las iglesias unidas y el «Proyecto de Amor por Ahmedabad» demuestren el amor de Cristo a los hinduistas y musulmanes que luchan entre sí.
3. La ciudad es una fortaleza del BJP. Pida en oración que este partido hindú radical pierda su influencia política y deje de oponerse al cristianismo.
4. Ore por los ministerios a la vasta población de los barrios de chabolas y a las dos universidades.
5. Pida en oración que el gobierno siga permitiendo la libertad religiosa.

Jaipur

Día 16

Significado: «ciudad de la victoria»
País: India, estado de Rajastán
Población: 1.969.000
Pobreza: 108 barrios de chabolas
Composición religiosa:
  89,0% hinduistas
  7.5% musulmanes
  0,41% cristianos
  0,05% evangélicos
Condición de la iglesia: 26 iglesias y unos 8.000 cristianos la mitad de los cuales procede del sur de la India.
Principales sitios religiosos: Iswari Minar Swarga Sul, Observatorio Jantar Mantar

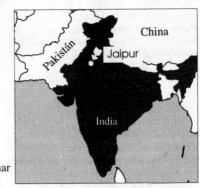

Importancia/historia de la ciudad:

Tres antiguas fortalezas se yerguen sobre las colinas que dominan la mayor parte de la actual Jaipur. El agua de pozo permitió que este oasis del desierto floreciera en el lecho de un lago seco. El Fuerte Ambar fue la capital de la tribu mina, que eran los habitantes originales. EL Fuerte Jaigarh, que tiene el cañón más grande de la India, era tan inexpugnable que ningún enemigo penetraba sus muros.

En 1727 el maharajá Jai Singh II planificó la ampliación de las fortalezas para hacer una sola gran ciudad fortificada. La ciudad se extendió y se construyó a su alrededor un muro con siete puertas. Por la noche se cerraban las puertas de la ciudad para protección. Por fuera de las puertas se fijaron grandes postes para impedir que los enemigos usaran sus elefantes para derribar las puertas.

Se dice que el rosado es el color de la hospitalidad. Cuando Alberto, el príncipe consorte británico, visitó la ciudad en 1883 se pintaron todos los principales edificios de rosado para darle la bienvenida. Como capital provincial, Jaipur ha seguido manteniendo su tradicional color rosado.

El muro ha sido demolido y usado para construir viviendas, pero quedan las puertas. Los cimientos del muro demarcan a la ciudad vieja, pero Jaipur se ha extendido por fuera de los antiguos muros. Todavía se ven carruajes tirados por camellos en sus calles, pues Jaipur conserva sus medios de transporte viejos con los nuevos.

Puntos de oración

1. Pida que el pueblo musulmán meo pueda responder al evangelio. No se sabe que haya cristianos en el pueblo musulmán meo.
2. La casta superior de los indios — los rajputs, jatas y marwaris— ha mostrado poco interés por el evangelio. Pida que se rompan las potestades espirituales que los mantienen en tinieblas.
3. Pida que aumenten las conversiones por medio del reparto de literatura, de la evangelización por radio y cursos de la Biblia por correspondencia y que se multiplique el número de iglesias.
4. El culto a las ratas produce las condiciones que fomentan la peste neumónica. Pida que sea atada la idolatría que origina este riesgo sanitario.
5. La mayoría de los niños de Rajastán se casan a los ocho años de edad. Ruegue que se obedezcan las leyes que derogan los matrimonios infantiles.

Amritsar

Día 17

Significado: «poza de la inmortalidad»
País: India, estado de Punjab
Población: 837.000
Pobreza: Algunos barrios de chabolas
Composición religiosa:
  60,7% sikhs
  36,9% hinduistas
  1.1% musulmanes
  1,1% cristianos
  0,5% evangélicos
Condición de la iglesia: Los católicos romanos constituyen la mayoría; unos pocos evangélicos.
Principales sitios religiosos: Templo Dorado, Templo Durgiana (hinduista)

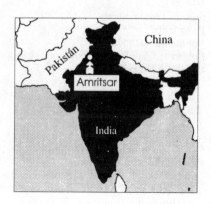

Importancia/historia de la ciudad:

El hinduismo ha estado en la India por miles de años. El Islam entró en el siglo doce y convirtió a muchos en el norte. La violencia entre los grupos ha sido general desde entonces. En un intento de unificar ambas religiones el gurú Nanak empezó una nueva religión, la sikh; en el siglo 15. Cien años después el cuarto gurú sikh fundó Amritsar como ciudad sagrada sikh. Rápidamente llegó a ser el centro de la religión sikh.

Un templo edificado junto al estanque de Néctar fue destruido por los invasores mongoles y después reedificado, esta vez recubierto de cobre. Este Templo Dorado es el más sagrado de todos los templos sikhs.

Cuando Gandhi procuraba la retirada pacífica de los ingleses, Amritsar fue el sitio de una de las mayores masacres de indios. Los ingleses, tratando de establecer su control en el Punjab, dispararon contra los manifestantes indios. En su intento de escapar de las balas, muchos indios se arrojaron al pozo principal de la ciudad. Los ingleses mataron o hirieron más de 2.000 indios. Aun con la independencia de la India, no ha llegado la paz.

En la última década, el ejército de la India ha tenido que pelear contra los extremistas sikhs, que han tomado el Templo Dorado como fortaleza. Los extremistas desean un estado punjabi independiente para los sikhs.

Puntos de oración

1. Los cristianos, generalmente nominales, son discriminados y están desalentados. Ruegue que el Espíritu Santo renueve y refresque a los creyentes.
2. La violencia y la matanza de parte de los extremistas sikhs han aterrorizado a la ciudad. Pida que estos sucesos abran los corazones del pueblo al evangelio.
3. Muchos grupos de las castas como también tribales están sin evangelizar. Ore por obreros que lleven la buena noticia de Jesús a estas personas.
4. Ruegue que los peregrinos que vienen al Templo Dorado encuentren, en cambio, al Señor Jesús como Salvador.
5. La sagrada escritura sikh, el Granth Sahib, está guardada en el Templo Dorado. Pida que su influencia sea sustituida por la Biblia, la Palabra de Dios.

Delhi

Día 17
Significado: «umbral»
País: India*
Población: 10.857.000
Pobreza: 3,5 millones en barrios de chabolas.
Composición religiosa:
  52,0%   hinduistas
  25.0%   musulmanes
  20,0%   sikhs
  0,9%   cristianos
  0,01%   evangélicos
Condición de la iglesia: 220 congregaciones.
Principales sitios religiosos: Mezquita de Jama Masjid, Templo Lakshmi Narayan, Mezquita del Poder del Islam, Santuario Nizam-ud-din

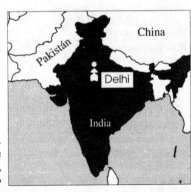

Importancia/historia de la ciudad:

Delhi ha sido una colmena de actividad desde el siglo 4 A.C. Los mercaderes iban y venían. En el siglo 12, llegó a ser la capital de la India musulmana. Los invasores mongoles trajeron el derramamiento de sangre y el Islam con gran fuerza. Entonces la mayor parte del norte de la India estaba bajo el poderío mongol. Se edificó el Fuerte Rojo para proteger la ciudad y desplegar la gloria del imperio mongol.

La capital se ha movido a varias otras ciudades hasta que los británicos construyeron Nueva Delhi. La Delhi vieja y la nueva son una mezcla de culturas, estilos e historia.

Delhi, la capital de la India, exhibe la diversidad y los contrastes de un centro urbano del tercer mundo que está en proceso de modernización. Los automóviles importados y los coloridos ómnibus de la ciudad comparten las calles con carruajes tirados por caballos y vacas vagabundas. Personas de variados idiomas, niveles educacionales y culturas emigran a Delhi de toda la India. Son atraídas por las oportunidades económicas y educacionales. Los templos de todo tamaño y forma, las diseminadas agujas de iglesias antiguas y miríadas de minaretes de mezquitas reflejan la diversidad religiosa.

La capital ha aumentado muchísimo su tamaño desde que se fueron los ingleses. La contaminación del aire, el elevado empleo de la electricidad y la escasez de agua se han vuelto problemas crecientes.

Puntos de oración

1. Pida que la paz y el amor reemplacen al espíritu de violencia e ira que hay en la ciudad.
2. Pida que Dios use al gobierno de Delhi para permitir más libertad para el testimonio cristiano en toda la India.
3. Poco se hace para ministrar a hinduistas, musulmanes y sikhs. Cada grupo necesita su propia iglesia. Pida a Dios que levante obreros que establezcan iglesias.
4. La modernización ha llevado la ciudad al límite, y la contaminación ambiental ahoga a todos. Ruegue que la creciente desilusión haga que la gente se vuelva a Jesús.
5. Pida por socorro y ministerio a los 3,5 millones que viven en los crecientes barrios de chabolas.
6. Las oficinas centrales de muchas organizaciones cristianas están aquí. Ore por sabiduría para los líderes de modo que las bendiciones espirituales puedan fluir por todo el país.

Poona

Día 17

Significado: «ciudad meritoria»
País: India, estado de Maharashtra
Población: 2.971.000
Pobreza: 6 barrios de chabolas.
Composición religiosa:
  80,4% hinduistas
  10.0% musulmanes
  2,5% cristianos
  1,0% evangélicos
Condición de la iglesia: 59 iglesias.
Principales sitios religiosos: Mausoleo de Mahadji, Mezquita Qamarali Darvesh, Templo Pateleshwar, Templo de Parvati, Templo Shinde Chhatri, Templo Saras Buag Ganesh

Importancia/historia de la ciudad:

Siva, el creador y el destructor, es uno de los principales dioses del hinduismo. Para quienes le adoran es el dios supremo; no hay otro. El es la potestad de los opuestos: creador-destructor, controla el bien y el mal, y da descanso-actividad incesante.

Sivaji, un gran líder político hinduista del siglo 17, derivó su nombre de Siva. Sivaji nació en Poona y condujo batallas de acoso contra los mongoles musulmanes. Desde Poona, otrora la capital del imperio hinduista Maratha, se lanzaron muchos movimientos de reforma social en contra de las autoridades musulmanas. En el siglo 18 se edificó un templo a Siva como fortaleza del hinduismo.

Los ingleses tomaron la ciudad a comienzos del siglo 19 y la convirtieron en un lugar de retiro durante la temporada de los monzones y calor de Bombay. Desarrollaron la ciudad y la hicieron un centro educacional y cultural de gran importancia: «el Oxford de la India».

En 1985 Bhgwan Rajnnesh fue hallado culpable de fraude inmigratorio. Obligado a salir de Estados Unidos, fue a dar a Poona. Como enseñaba un hinduismo progresista, no fue muy aceptado por los hinduistas indios. Murió pocos años después. Muchos de sus seguidores de otros países siguen yendo a Poona a rendir homenaje a su difunto maestro espiritual.

Puntos de oración

1. Pida la unidad de la pequeña comunidad protestante; en particular, pida que todos tengan una experiencia personal de la salvación.
2. Ore por la renovación espiritual de la gran minoría católica, y por el crecimiento y ministerio de las pocas iglesias evangélicas.
3. Ore por el ministerio a la elevada población de jainistas, que están sin evangelizar en su gran mayoría.
4. Siva atenaza los corazones de los hinduistas que viven en la zona. Ruegue que los hinduistas se vuelvan al Padre amante.
5. Pida que los peregrinos occidentales que vienen al a tumba de Rajnnesh encuentren al Señor viviente.
6. Este centro educacional atrae a muchos estudiantes extranjeros, principalmente africanos. Ore por obreros y ministerios a las universidades.

Haiderabad

Día 18

Significado: «ciudad del león»
País: India, estado de Andhra Pradesh
Población: 4.208.000
Pobreza: Muchos barrios de chabolas
Composición religiosa:
  85,5% hinduistas
  8.47% musulmanes
  2,9% cristianos
  1,0% evangélicos
Condición de la iglesia: 134 iglesias de diferentes denominaciones.
Principales sitios religiosos: Templo Hinduista Birla Mandir, Mezquita Masjid de La Meca, Mezquita Charminar, Templo Mahan de Kali

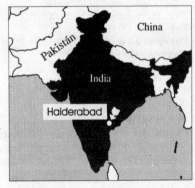

Importancia/historia de la ciudad:

El hinduismo fue reemplazado por el Islam sólo para retomar el control —un poder espiritual que se levanta contra otro—. Cuando los mongoles islámicos obtuvieron poder en el norte, trataron de controlar el sur de la India. Las bandas islámicas devastadoras fueron a Golconda para tomarla. Los sólidos muros de piedra de su ciudadela contuvieron a los guerreros durante ocho meses, pero finalmente cayeron ante las fuerzas mongoles.

La ciudadela creció y se extendió en el siglo 16 y creó una nueva ciudad, Haiderabad, la cual llegó a ser un centro regional del Islam y sede del rico nizam (gobernador o rey) de Haiderabad. El nizam gobernó la zona desde el siglo 18 hasta que los ingleses lo desplazaron del poder.

Los ingleses dieron la independencia a la India en 1947. El Nizam trató de recuperar el control por exigir la creación de un territorio islámico independiente, pero 85% de la población de la ciudad era hinduista en ese tiempo y el gobierno indio de Delhi no quiso que hubiera en la India un estado islámico separado.

Haiderabad actualmente ha crecido hasta conectarse con la ciudad vecina de Secunderabad. Esta zona metropolitana en conjunto constituye la sexta ciudad más grande de la India.

Como capital de estado, también alberga una de las poblaciones cristianas más grandes de la India.

Puntos de oración

1. Pida que las mentes de los creyentes sean renovadas para que cese el modo de pensar no bíblico que ha persistido en la comunidad cristiana tradicional.
2. Ore que los creyentes comiencen a participar en la evangelización transcultural y que haya una cosecha más grande entre los musulmanes, a quienes poco se ha ministrado.
3. Pida que las agencias, instituciones y maestros cristianos de aquí ejerzan un mayor impacto espiritual en la ciudad.
4. Las escuelas bíblicas de vacaciones están logrando alcanzar a los niños. Ore que muchos niños y sus padres vengan a Cristo.
5. Hay muchos mendigos en la ciudad. Ore que ellos acudan a Cristo y que encuentren trabajo.
6. Pida que crezca la vibrante asociación de pastores y líderes y que afecte a la ciudad.

Calcuta

Día 18

Significado: «de la diosa Kali»
País: India, estado de Bengala Occidental
Población: 13.604.000
Pobreza: La más baja calidad de vida urbana del mundo; 400.000 sin vivienda.
Composición religiosa:
   75,5% hinduistas
   22,9% musulmanes
   1,5% cristianos
   0,03% evangélicos
Condición de la iglesia: 163 congregaciones, sólo 45 de habla bengalí.
Principales sitios religiosos: Templo de Kali, Templo de Sitambara Jain, Templo de Tara Keshwar, Mezquita Nakhoda, Catedral de San Pablo

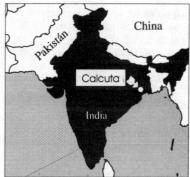

Importancia/historia de la ciudad:

Hace poco más de 300 años Calcuta era una más de las miles de pequeñas aldeas de la India. Los ingleses se establecieron aquí a fines del siglo 17, y la aldea creció rápidamente hasta ser ciudad. Las invasiones de los indios hicieron necesario que los ingleses erigieran una fortaleza para protegerse. Calcuta llegó a ser la capital y el centro exportador. Guillermo Carey fue el pionero de un movimiento misionero en 1793. La caída de los ingleses causó grandes trastornos a la ciudad. Justo al este se instaló el Paquistán Oriental (hoy Bangladesh). Los hinduistas se movieron hacia el oeste y los musulmanes hacia el este.

Los barrios de chabolas de Calcuta se han vuelto famosos por la humilde Madre Teresa. Ella y otras personas, como los buntainos, han traído esperanza y vida a los barrios de chabolas, pero el aumento de la inmigración a la ciudad los mantiene en crecimiento.

Los residentes bengalíes adoran a Kali. Considerada la madre-creadora de la tierra, también tiene su lado malo. Kali, que se traduce «negra» es la diosa de la guerra, la peste, el sacrificio de sangre y la muerte. Calcuta, la ciudad de Kali, vive conforme a su nombre. Muchos vienen aquí en busca de mejor vida; la mayoría termina por no hallarla jamás. Kali, con su collar de cabezas humanas, reclama otra víctima para la muerte. Pero las masas siguen llegando. Calcuta es la ciudad más grande de la India —una ciudad profundamente esclavizada a su diosa.

═══ Puntos de oración ═══

1. Los barrios de chabolas son de los peores que hay en el mundo. Pida que los pobres puedan vivir con dignidad y hallen el alimento necesario. La lucha por la supervivencia diaria no permite a la gran mayoría tener tiempo para las cosas espirituales.
2. La destructora diosa Kali es adorada y apaciguada. Pida que el poder de Dios se haga evidente a los que viven atados a Kali.
3. Ruegue que sea reconocido el valor de la vida humana, especialmente el de las mujeres.
4. Ore por las agencias cristianas de socorro, especialmente hospitales y orfanatos, que están atendiendo a los necesitados. Ore por fortaleza y recursos para el personal.
5. Ore por el testimonio cristiano en los barrios de chabolas de la ciudad y entre los musulmanes no alcanzados.
6. Ore por los que estudian en las escuelas bíblicas.

Kanpur

Día 18

Significado: «ciudad de espigas»
País: India, estado de Uttar Pradesh
Población: 2.378.000
Pobreza: Muchos barrios de chabolas.
Composición religiosa:
  77,8% hinduistas
  18,6% musulmanes
  3,53% cristianos
  0,34% evangélicos
Condición de la iglesia:
  37 congregaciones.
Principales sitios religiosos: Templo de Cristal JK, Iglesia Monumental

Importancia/historia de la ciudad:

El norte de la India ha sido territorio hinduista desde temprano. Son millones los diferentes dioses y diosas adorados y temidos. Los invasores mongoles trajeron consigo el Islam y algunos empezaron a seguirlo. Kanpur fue una ciudad en la que numerosos indios abrazaron el culto de Alá.

Ubicada en las riberas del Ganges, el río sagrado, Kanpur fue fortaleza de la sublevación india de 1857 contra los ingleses.

En un levantamiento contra los ingleses, vio a los indios masacrar y el desmembrar a los británicos. Cuando las fuerzas británicas recuperaron el control de la ciudad, dieron un trato semejante a los indios. Les hicieron beber sangre y comer carne de vaca —la vaca es uno de los dioses más sagrados de los hinduistas—. Hicieron que los musulmanes comieran cerdo, que es considerado sumamente inmundo por ellos. Todo esto fue en venganza por la revuelta contra el gobierno inglés. La ciudad ha crecido actualmente en tamaño, y ha llegado a ser una de las ciudades industriales más grandes de la India.

La vaca es uno de los dioses más sagrados

Puntos de oración

1. Los pocos obreros cristianos que hay aquí trabajan en circunstancias muy difíciles. Ore por más evangelistas y fundadores de iglesias que trabajen en la cosecha.
2. Pida que los musulmanes, que son una gran minoría, sean alcanzados con el evangelio.
3. La mayoría de los cristianos lo son de nombre, y algunos están regresando al hinduismo. Pida que el conocimiento de Jesús como Salvador y Señor prenda en sus corazones.
4. Pida que los estudiantes de la ciudad oigan el evangelio y respondan.
5. Pida que los habitantes de esta provincia espiritualmente tenebrosa que vienen a Kanpur en busca de trabajo, encuentren al evangelio y pongan su fe en Jesucristo.

Benarés

Día 19

Significado: «la ciudad entre dos ríos»
País: India, estado de Uttar Pradesh
Población: 1.193.000
Pobreza: Muchos barrios de chabolas
Composición religiosa:
  79,8% hinduistas
  19,6% musulmanes
  0,12% cristianos
  0,08% evangélicos
Condición de la iglesia: 11 iglesias.
Principales sitios religiosos: Templo de Durga, Templo Dorado, Gran Mezquita de Aurangzeb, Templo Sankatmochang, Templo Visvanatha

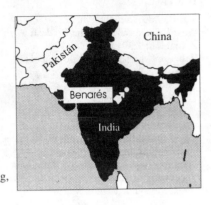

Importancia/historia de la ciudad:

Benarés ha sido un sitio sagrado de peregrinaje por más de 2.000 años. A diez kilómetros de distancia está Saranath, donde Buda predicó sobre la iluminación por primera vez. Los hinduistas afluyen a las amplias escalinatas (ghats) que les dan acceso al Ganges para lavarse, bañarse y hasta morir en dicho río.

Los parientes llevan al río a sus seres queridos agonizantes. Al depositar los cuerpos frágiles en los escalones inferiores, colocan los pies del moribundo dentro del agua. Creen que cuando la persona muere va derecho al cielo. Esto es importante para muchos hinduistas que creen que sus parientes muertos pueden regresar como espíritus malos para acecharlos. En una parte de los ghats están los fosos para cremar. Después que se ha cremado el cuerpo, se esparcen las cenizas sobre el sagrado río Ganges. Los peregrinos se bañan en el sagrado y contaminado Ganges con la esperanza de ser sanados.

Muchos sacerdotes hinduistas viven en Benarés. Cuando deambulan sumidos en profundos trances la gente los busca para obtener su bendición. Los gurúes tienen alumnos procedentes de toda la India que se sientan a ser enseñados por ellos, a meditar y a aprender sánscrito.

Siva, el dios de la vida y de la muerte, con poder para matar o sanar, es aquí el principal dios hinduista.

═══ Puntos de oración ═══

1. Pida en oración que esta ciudad santa del hinduismo sea llena de la presencia y el poder del Espíritu Santo.
2. Pida que la minoría pequeña de cristianos, muchos de los cuales son nominales, experimente fortalecimiento y renovación espirituales.
3. Pida que los millones de peregrinos que visitan el río Ganges encuentren al agua viva dada por Jesús.
4. Los hinduistas se hallan entre los pueblos gigantescos menos alcanzados del mundo. Ore por obreros que trabajen en este vasto campo de cosecha. Pida que los folletos y los evangelios distribuidos produzcan fruto espiritual.
5. Ruegue que se establezca una obra en la gran universidad hinduista. Poco se ministra a los estudiantes de ella.

Lucknow

Día 19

Significado: «señal» o «marca»
País: India, estado de Uttar Pradesh
Población: 1.391.000
Pobreza: Muchos barrios de chabolas
Composición religiosa:
  76,8% hinduistas
  19,6% musulmanes
  2,7% cristianos
  0,4% evangélicos
Condición de la iglesia: Unas pocas agencias misioneras; 26 iglesias.
Principales sitios religiosos: Bara Imambara (cementerio shiíta), Mezquita de Aurangzeb, Mezquita de Jami Masjid

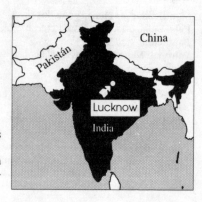

Importancia/historia de la ciudad:

Los mogoles musulmanes establecieron un centro de creciente poder en la zona, y fueron reemplazados por otro grupo musulmán, los oudhs.

Junto al río Gomti surgió una pequeña capital de los reyes oudhs nababs. Estos reyes eran de ascendencia persa, no mongol. Desde aquí los nababs controlaron el centro norte de la India durante 100 años. Desarrollaron las artes, la alta cultura y la artesanía tradicional.

Los ingleses se anexaron la zona a mediados del siglo 19. El contragolpe de esta anexión fue un levantamiento hindú contra los 3.000 ingleses de fuerte presencia diplomática, incluyendo mujeres y niños.

Los indios superaban en cantidad a los británicos, que resistieron por tres meses en su recinto, que era la residencia de los reyes nabab. La residencia fue edificada para gloria de los reyes nabab. El ataque hindú terminó cuando más tropas británicas irrumpieron a través de las líneas indias; sin embargo, 2.000 ingleses murieron.

La ciudad actual sigue teniendo una devota población islámica. Se cree que los santones chiítas del pasado tienen poderes especiales aunque estén sepultados. Muchos musulmanes oran pidiendo fortaleza y bendiciones ante las tumbas de estos santones.

Puntos de oración

1. Pida en oración por el crecimiento de las pequeñas iglesias y que los creyentes nuevos puedan ser enseñados y discipulados.
2. Hay una puerta abierta para la evangelización en varias localidades estratégicas. Ore por que haya una cosecha del testimonio denodado que se dé en estos lugares.
3. Muchos musulmanes del Asia Oriental vienen aquí para estudiar. Ore por el establecimiento de un ministerio para ellos.
4. Ore por la reconciliación entre musulmanes e hinduistas y que se disipen las tensiones religiosas.
5. Pida en oración que los obreros procuren llegar a los variados grupos étnicos de la ciudad.

Patna

Día 19

Significado: «hijo color rojo claro»
País: India, estado de Bihar*
Población: 2.209.000
Pobreza: Algunas comunidades de chabolas
Composición religiosa:
  70,0%   hinduistas
  20,0%   musulmanes
  3,0%   sikhs
  4,0%   católicos y anglicanos
  0,01%   evangélicos
Condición de la iglesia: 100 creyentes en unas pocas iglesias.
Principales sitios religiosos: Har Mandir (sikh), Sher Shahi, Mahavir Mandir (hinduista), Mezquita del Sha Husayt

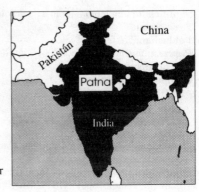

Importancia/historia de la ciudad:

Fundada en el siglo 6 A.C., Patna es la tercera ciudad más antigua de la India y una capital de estado. A través de los siglos ha visto el surgir y caer grandes imperios indios, e igualmente el flujo de varias religiones del mundo.

Geográficamente, tiene una ubicación estratégica, al sur de la confluencia del río Ganges con dos ríos. Esta ubicación da protección natural. La ciudad fue inicialmente fundada como fuerte desde el cual se podían rechazar ataques e incursionar en los territorios enemigos.

Patna ha sido el semillero de las religiones. Además de fomentar el hinduismo, ha originado un retoño: el jainismo. La ciudad ha tenido un papel fundamental en el desarrollo del budismo, pues está a sólo 100 kilómetros del lugar en que, se dice, Buda alcanzó «la iluminación». Bajo el reinado de Asoka (3º siglo A.C.), Patna llegó a ser el centro de diseminación del budismo por toda el Asia. Más de 1.000 años después, los musulmanes la usaron como base de propagación del Islam.

Hoy predomina el hinduismo como religión. Los musulmanes constituyen alrededor de un quinto de la población, y el resto se reparte entre sikhs, jainistas y budistas. Hay algunos católicos romanos y protestantes, pero pocos de ellos conocen personalmente a Jesús.

Puntos de oración

1. Pida en oración, a la luz de la historia religiosa de la ciudad, que Dios traiga un movimiento tan poderoso de Su Espíritu Santo que Patna vuelva a influir nuevamente a todo el subcontinente, pero esta vez para la gloria de Jesús.
2. «En la India, nueve de cada diez musulmanes que se convierten al cristianismo regresan al Islam», declaró un líder cristiano en Patna. «La presión de la familia y de la comunidad es demasiado fuerte». Pida en oración que la iglesia provea el sólido apoyo y comunión cuando los musulmanes se vuelven a Cristo.
3. Pida que la discordia entre musulmanes e hinduistas les produzca desilusión dirigiéndolos así al verdadero Príncipe de paz.
4. Pida que sea rota la garra del desempleo, la pobreza y el analfabetismo y que la gente responda al evangelio.

Katmandú

Día 20

Significado: «un templo junto a un árbol»
País: Nepal*
Población: 372.000
Pobreza: muchos viven por debajo del límite de la pobreza.
Composición religiosa:
 89,0% hinduistas
 7,0% budistas
 0,58% cristianos
 0,56% evangélicos
Condición de la iglesia: 56 iglesias, algunas comunidades en crecimiento.
Principales sitios religiosos: Templo Pashupatinath, Templo Talejo, Bodhanath Stupa, Swayambhunath Stupa, Pagoda Kaba Aye

Importancia/historia de la ciudad:

Las rutas comerciales desde el Tíbet y el norte de la India pasaban por los altos Himalayas y seguían más allá de sus estribaciones, donde el fértil valle de Katmandú llegó a ser un importante centro de comercio.

Para el siglo 17 los residentes Newaris habían refinado mucho el arte de los templos y la adoración hinduistas. El valle tenía pequeñas ciudades estado que rivalizaban entre sí en las técnicas y la creatividad artística. Muchos de los templos y dioses esculpidos tomaron forma en este período.

Cien años después, el Nepal fue unificado por el primer rey gurka y, desde entonces, la zona metropolitana de Katmandú creció al llegar más y más aldeanos de todo el Nepal, hindúes en su gran mayoría.

El río Bagmati atraviesa el valle en su curso por las estribaciones del Nepal y se une al río Ganges muchos kilómetros más allá. Junto al río se encuentra Pashupatinath, el templo hinduista más sagrado del Nepal. Los peregrinos de la India vienen aquí porque es el templo más sagrado de Siva en todo el mundo. Siva, el creador, el pastor; Siva, el destructor, el sanguinario, es el que buscan los peregrinos. Protegiendo la entrada al templo de Siva está Nandhi, el toro dorado de Siva.

No muchos kilómetros al oeste se encuentra el Gran Stupa del Bodhanath, el templo budista más grande del Nepal.

Puntos de oración

1. Ore por la eliminación de las barreras contra el cristianismo que hay en las mentes de los nepaleses hinduistas.
2. Pida en oración que el gobierno siga garantizando la libertad de religión y que la iglesia pueda evangelizar sin ser perseguida.
3. Las iglesias del valle de Katmandú son exclusivistas y están divididas. Pida que se unifiquen en Cristo.
4. Pida que los creyentes sean liberados de las supersticiones y de su antigua manera de vivir y que aprendan a andar en el Espíritu.
5. Pida que sea derribado el sistema de las castas que separa a las personas.
6. Pida en oración que siga ardiendo en todo el país el fuego espiritual empezado en Katmandú por el Congreso de Evangelización 2000 A.D.

Thimbu

Día 20
Significado: desconocido
País: Bután*
Población: 121.400
Pobreza: Economía primitiva de subsistencia; potencial para el desarrollo.
Composición religiosa:
  70,1% budismo
  24,0% hinduista
  5,0% musulmanes
  0,33% cristianos
  0,21% evangélicos
Condición de la iglesia: Algunas comunidades pequeñas.
Principales sitios religiosos: Tashichho Dzong, Monasterio Chang Ganka, Monasterio Cheri

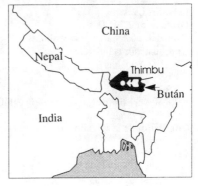

Importancia/historia de la ciudad:

Por todos los Himalayas ondean las banderas y otros trozos de tela mientras siguen ofreciéndose las oraciones budistas junto a las piezas de tela en movimiento. Este pequeño país budista, con Thimbu como capital y ciudad más grande, no ha sido tocada a través de la historia.

Durante la ocupación británica de la India, diplomáticos británicos vinieron a Thimbu en busca de permiso para pasar por Bután mercaderías desde el Tíbet hacia la India. Durante períodos enteros no hubo problemas con ser parte de esta ruta comercial. Después que se fueron los ingleses y la China entró en el Tíbet, Bután permaneció como un país escondido con templos y monasterios budistas que adornan de puntos las montañas.

En Thimbu se halla el centro budista más grande del país, Tashichho Dzong, nombre que significa algo como, «el fuerte de la religión gloriosa». Se encuentran dzongs similares en todo el país. La mitad del edificio está dedicado al budismo; la otra mitad es usada como centro de gobierno. Desde Tashichho se efectúa toda la administración civil y religiosa del país. Aquí se maneja el gobierno desde la ornamentada sala del trono del rey. Un monasterio budista también se encuentra en este Dzong.

Puntos de oración

1. Tashichho Dzong es el centro de poder del país que administra tanto la religión como el gobierno. Pida en oración que los monjes y los líderes políticos lleguen a conocer a Dios.
2. Pida que el rey sea favorable al cristianismo y otorgue libertad para testificar y adorar, y que los obreros cristianos bivocacionales puedan trabajar sin restricciones.
3. Ore por la protección para los traductores de la Biblia y que se completen las traducciones al dzongkha, kebumtamp y al sharchagpakha.
4. La mayoría drukpa es fuertemente budista, y hay menos de 200 creyentes, que sepamos. Pida a Dios que levante una iglesia nacional dinámica.
5. Hay poca literatura cristiana y ningún programa radial cristiano disponibles en el idioma oficial, dzongkha. Ore por el desarrollo de estas herramientas esenciales.

Colombo

Día 20

Significado: «puerto»
País: Sri Lanka*
Población: 2.345.000
Pobreza: 65% barrios de chabolas
Composición religiosa:
  70,3% budistas
  14,3% hinduistas
  7,8%   musulmanes
  7,6%   cristianos (en su mayoría católicos)
  0,44% evangélicos
Condición de la iglesia: Crecimiento estancado.
Principales sitios religiosos: Templo Kelaniya Raja Maha Vihara, Templo Vajiraramaya, Gran Mezquita

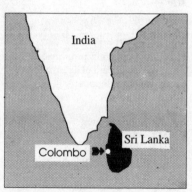

Importancia/historia de la ciudad:

La tradición cristiana dice que el apóstol Tomás vino a la zona. Los navegantes árabes del siglo 8 establecieron un puerto en Colombo para la exportación de canela. Ocho siglos después, los portugueses reemplazaron a los árabes y comerciaron en todo, desde canela hasta elefantes. La amplia variedad de especias atraía a la mayoría de los mercaderes.

Los portugueses, que trajeron consigo el catolicismo romano, esculpieron su escudo de armas en una roca saliente del mar y edificaron una fortaleza. Los holandeses y los ingleses dominaron la zona hasta que los ingleses otorgaron la independencia a Sri Lanka en 1948. El crecimiento de la ciudad sucedió durante la ocupación británica pues la ciudad se fue convirtiendo en un punto central del comercio en el océano Indico.

La ciudad ha llegado a ser un refugio para los pobres de Sri Lanka. Hace veinte años la población de Colombo era de tan sólo 500.000; ahora, más de 65% de la población metropolitana vive en barrios cuyas condiciones de vida son en extremo malas. A medida que la ciudad crece, los pobres se ven obligados a vivir junto a canales y caminos. Son confinados a los pantanos y tierras anegadizas, donde las condiciones de salud son malas. Uno de los problemas que tiene el gobierno es el trabajo infantil. Muchas familias pobres venden a sus hijos a los ricos. Estos niños trabajan en labores domésticas esperando recibir alimento y ropa.

Puntos de oración

1. Ore por la mejora de la calidad de vida para que los padres puedan mantener a sus hijos. Pida que no se explote a los niños que tienen que trabajar para los ricos.
2. Ore por protección y fortaleza para los creyentes atrapados en el fuego cruzado político entre los cingaleses budistas y los tamiles hinduistas.
3. Ore por renovado sentido del llamamiento en la iglesia nacional, y que la evangelización y el discipulado reemplacen al compromiso de la fe y al formalismo.
4. Las conversiones de budistas e hinduistas han producido una reacción adversa. Pida que la oposición y la persecución no estorben el testimonio continuo a ellos.
5. Ore por la unidad y la cooperación entre los evangélicos para que el impulso espiritual iniciado en la Conferencia Navodays 1992 sea verdaderamente el «Albor de una Nueva Era».

Penetrando con oración en las 100 Ciudades de acceso

ASIA ORIENTAL

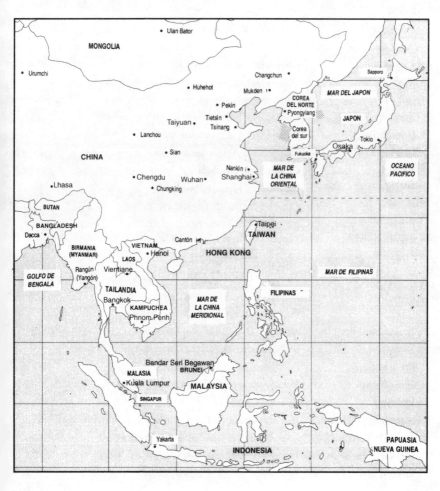

De la Ventana 10/40

33 Ciudades

CIUDAD	PRINCIPALES PUEBLOS NO ALCANZADOS
Taipei	Taiwaneses, hakkas, amis, paiwanes
Mukden	Manchúes, coreanos, mogoles, huis
Changchun	Manchúes, coreanos, huis, mongoles
Urumchi	Uiguros, kazakos, huis, kirguis
Lhasa	Tibetanos, blangs, buis
Pekín	Chinos han, huis, manchúes
Huhehot	Mongoles, huis, manchúes
Tientsín	Chinos han, huis, manchúes, bais
Taiyuan	Chinos han, huis, manchúes
Tsinang	Chinos han, coreanos, manchúes, mongoles
Nankín	Zhaungs, yaos, dongs, miaos
Sian	Chinos han, huis, manchúes
Chengtu	Chinos han, yis, tibetanos, miaos
Chungking	Chinos han, yis, tibetanos, tujias
Shanghai	Chinos han, huis, bais
Wuhan	Chinos han, tujias, buyis, huis
Cantón	Chinos han, lis, zhaungs, yaos
Hanoi	Vietnamitas, khmers centrales, muongs, hmongs
Vientiane	Laosianos, tais, khmers, hmongs
Phnom Penh	Khmers, vietnamitas, chams, mnongs
Bangkok	Thais del norte, thais del sur, khmers del norte, malayos pattanis
Rangún (Yangón)	Birmanos, birmanos shan, mons, yangbyes
Dacca	Bengalíes, bengalíes sylhettis, biharis
Kuala Lampur	Malayos, chinos, sarawakos, tamiles
Yakarta	Bugineses, sasakos, acheheneses, rejangos
Bandar Seri	Malayos, chinos han, ibanos
Ulan Bator	Mongoles, kazakos, uiguros
Pyongyang	Coreanos, chinos
Sapporo	Japoneses, etas, riukiuanos, ainos
Tokio/Yokohama	Japoneses, etas, riukiuanos, okinawenses
Osaka/Kobe/Kioto	Japoneses, etas, riukiuanos, ainos
Fukuoka/Kitakyushu	Japoneses, etas, riukiuanos, ainos

Taipei

Día 21

Significado: «Taiwan del norte»
País: Taiwan*
Población: 3.561.000
Pobreza: estabilidad económica
Composición religiosa:
  70,4% religiones folklóricas chinas
  24,2% ateos/irreligiosos
  5,0%   cristianos
  2,13% evangélicos
Condición de la iglesia: Estancamiento en el crecimiento de la iglesia
Principales sitios religiosos: Templo Lungshan, Templo Hsing Tien, Templo de Confucio

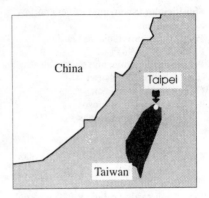

Importancia/historia de la ciudad:

Los chinos navegaron a Taiwan y se establecieron en Taipei en el siglo 17. Al extender los japoneses su influencia hacia el sur, hicieron de Taipei uno de sus centros administrativos y económicos. Para el tiempo de la Segunda Guerra Mundial, había crecido, pero permanecía mayormente como un centro agrícola en la confluencia de tres ríos.

Después que Japón tuvo que rendirse, el movimiento comunista chino siguió creciendo en la China continental. Así que los chinos nacionalistas, dirigidos por Chiang-kai-sek, se vieron forzados a retirarse del continente hacia Taiwan. Se eligió a Taipei como capital y la ciudad se extendió más. Las universidades y las industrias crecieron rápidamente cuando la paz de la posguerra dio lugar a nuevas esperanzas y sueños. Muchos chinos ricos huyeron por miedo de que los comunistas les quitaran toda su fortuna. Estas personas invirtieron en el desarrollo de la ciudad y la nación nuevas.

Las inversiones sabias y el desarrollo de los centros educacionales e industriales aumentaron aun más la riqueza. Esos avances atrajeron a la población rural. En respuesta a esto el gobierno empezó a construir centros educacionales e industriales en otras ciudades. Esto ha ayudado a desalentar la migración de los aldeanos, pero muchos siguen viendo a Taipei como la ciudad del oro, donde puede hacerse fortuna.

Puntos de oración

1. Pida en oración que se destruya el espíritu de sofisticación de la juventud que rechaza el cristianismo, para que el testimonio a los estudiantes sea fructífero.
2. Ore por la transición política, que ocurre en medio de graves problemas sociales, especialmente la drogadicción.
3. Ore por la unidad de la iglesia y que sean levantados pastores y líderes nacionales.
4. Pida en oración que se concreten las metas del Movimiento del Evangelio del Año 2000 y que la iglesia experimente mucho crecimiento y renovación.
5. Hay un resurgimiento del budismo y del animismo. Pida que aquellos que buscan la realidad espiritual encuentren a Jesús.

Mukden

Día 21

Significado: (Shenyang) «ribera norte del río Shen»
País: China, provincia de Liaoning
Población: 5.493.000
Pobreza: El comunismo ha suplido las necesidades básicas
Composición religiosa:
 59,1% ateos/irreligiosos
 30,1% religiones chinas
 6,1% cristianos
 2,0% evangélicos
Condición de la iglesia: MPTA 82.000 miembros (ver Tsinang para la explicación de MPTA).
Principales sitios religiosos: Tumba del Norte (Beiling), Tumba del Este (Dongling), Palacio Imperial Gugong

Importancia/historia de la ciudad:

Mukden es la cuna histórica del pueblo manchú. Fue una importante ciudad comercial en el siglo 11. Una razón de la construcción de la Gran Muralla de la China fue la protección de la dinastía Ming contra invasiones extranjeras. Durante el siglo 17 los manchúes llegaron a ser una fuerza formidable y bien organizada que procedía del noreste de la China. El reino Ming estaba debilitándose y los manchúes pudieron conquistar todo el país con muy poca oposición. Muchos de los que componían el liderazgo ming fueron muertos o se sometieron a los manchúes. La ciudad llegó a ser la capital manchú en 1625.

Los manchúes eran diferentes: los hombres se afeitaban la parte delantera de la cabeza y una larga coleta les caía sobre la espalda. La dinastía manchú (también llamada la dinastía Ts'ing) duró casi dos siglos, y extendió las fronteras de la China mucho más que antes.

En el siglo 20 los rusos y los japoneses, en diferentes ocasiones, ocuparon la zona y desarrollaron la ciudad como gigante industrial. La población de la ciudad aumentó extraordinariamente debido a la convergencia de seis líneas ferroviarias y la expansión industrial.

Puntos de oración

1. El QiGong, mezcla de artes marciales chinas con prácticas ocultistas, está reapareciendo. Pida en oración que los estudiantes atraídos por el poder sobrenatural que promete el QiGong, encuentren en cambio el poder del Espíritu Santo.
2. Ore por la unidad de los creyentes de la ciudad, y que Dios deje al descubierto a los falsos creyentes que hay en la iglesia.
3. Intereses y conexiones políticos motivan a los antiguos líderes del MPTA. Ruegue que los líderes jóvenes que procuran predicar el evangelio venzan en la actual lucha por el poder.
4. Pida que la policía deje de acosar y detener a estos jóvenes líderes cristianos.
5. Pida que los que vienen a la ciudad en busca de trabajo encuentren el evangelio.

Changchun

Día 21

Significado: «eterna primavera»
País: China, provincia de Kirin*
Población: 2.620.000
Pobreza: El comunismo ha suplido las necesidades básicas
Composición religiosa:
- 59,1% ateos/irreligiosos
- 30,1% religiones chinas
- 1,4% musulmanes
- 6,1% cristianos
- 5,0% evangélicos

Condición de la iglesia: MPTA 36.000 miembros
Principales sitios religiosos: Residencia Imperial Weihuaninggong

Importancia/historia de la ciudad:

Las atalayas coronan los muchos edificios de las avenidas arboladas de Changchun. La mayoría de estos edificios fueron construidos durante la ocupación militar japonesa de esta región, de 1933 a 1945. La ciudad fue usada como centro administrativo y capital de Manchukuo, gobierno «títere» establecido por Japón. Los cables eléctricos fueron, en su mayoría, instalados subterráneamente para protegerlos mejor durante esta época extremadamente traumática. Los japoneses masacraron a muchos chinos durante la ocupación.

El arribo de la Revolución Cultural trajo persecución a los cristianos, y se cerraron iglesias. Las restricciones impuestas al ministerio de las iglesias han sido recientemente levantadas en parte. Pocos creyentes quieren identificarse con la iglesia «oficial» por miedo a la persecución. Siguen reuniéndose las iglesias en las casas.

Changchun es célebre hoy por su universidad y su industria automovilística. Es la sede de uno de los más famosos estudios fílmicos de la China.

Debido a su proximidad a Corea del Norte, el número de coreanos que viven en la ciudad es significativo. Cuando el comunismo militante empezó a tomar control de Corea, muchos coreanos huyeron hacia la vecina provincia de Kirin.

Puntos de oración

1. Ore por la iglesia, que está creciendo entre los coreanos de la ciudad y sus alrededores, y que ellos compartan celosamente su fe con los coreanos no alcanzados de la zona.
2. Ore por los cristianos coreanos que procuran contactar a sus familias y amigos que están aún en Corea del Norte. Que sean un denodado testimonio para aquéllos.
3. Pida en oración que la industria fílmica produzca películas favorables al cristianismo.
4. Pida que la programación radial cristiana que se transmite a la ciudad produzca una gran cosecha.
5. Pida que se ponga a disposición de los estudiantes y los profesores de la universidad estudios de la Biblia y materiales didácticos que expliquen el evangelio.

Urumchi

Día 22

Significado: «prados placenteros»
País: China, región autónoma de Sinkiang
Población: 1.724.000
Pobreza: El comunismo ha suplido las necesidades básicas
Composición religiosa:
   59,1% ateos/irreligiosos
   30,1% religiones chinas
   1,4% musulmanes
   6,1% cristianos
   5,0% evangélicos
Condición de la iglesia: MPTA 4.000 miembros, 25 creyentes uiguros conocidos.
Principales sitios religiosos: Pagoda Hongshan, Tianchi (lago sagrado cercano), Bogda Fen (montaña sagrada cercana).

Importancia/historia de la ciudad:

En la región más remota del noroeste de la China, la gente aún tiene rasgos mogoloides, pero el Islam ha sido su religión tradicional. Los uiguros, uno de los pueblos de la zona, tiene una mezcla de características chinas y turcas. A través de la mayor parte de su historia, Urumchi fue un pequeño pueblo polvoriento uigur de poca importancia, parte de la Ruta de la Seda.

A fines de la Segunda Guerra Mundial los comunistas comenzaron a cambiar el aspecto de la aldea. Se construyeron edificios de apartamentos de bloques de concreto para proveer vivienda, y las chimeneas indicaron el sitio de otra fábrica en los páramos que bordean el desierto. Los comunistas enviaron a más de 5.000.000 de chinos han a la región de Sinkiang, la unidad política más grande de la China, para diluir el sentimiento nacionalista de los uiguros. Durante la Revolución Cultural de fines de los sesenta, se destruyeron miles de mezquitas. Estas se están reedificando hoy, pero pocos jóvenes uiguros asisten a la mezquita.

Los de afuera controlan una tierra extranjera

La región se ha vuelto zona de pruebas nucleares, así que ha aumentado la presencia militar. Debido a esto, se han traído más chinos han, que ahora dominan el gobierno, la industria y los negocios, hecho que resiente a los uiguros.

Puntos de oración

1. Ore por receptividad al evangelio en las 13 minorías étnicas, particularmente los musulmanes uiguros, kirguis y kazakos. Ore por la reconciliación de estas minorías con los chinos han, que constituyen 75% de la población.
2. Pida en oración que los creyentes han evangelicen a sus vecinos musulmanes y los acepten, a pesar de la presión gubernamental.
3. Los conversos musulmanes están sometidos a una gran persecución y rechazo. Pida que se establezcan comunidades uiguros para fortaleza y apoyo.
4. Ore por fortaleza espiritual y ánimo, y que se abran puertas para el testimonio de los creyentes extranjeros que se han radicado en esta remota ciudad.
5. Pida que se complete y distribuya el Nuevo Testamento y por la distribución de la película *Jesús* en idioma uigur.

Lhasa

Día 22

Significado: «ciudad de dios»
País: China, región autónoma del Tíbet* (Xizang)
Población: 120.000
Pobreza: El comunismo ha suplido las necesidades básicas
Composición religiosa:
  90,0% budistas
  6,1% religiones tradicionales
  2,0% musulmanes
  0,9% cristianos
  0,05% evangélicos
Condición de la iglesia: Unas pocas congregaciones pequeñas
Principales sitios religiosos: Palacio Potala; Templo Jokhang; Monasterios Sera, Drepung y Nechung

Importancia/historia de la ciudad:

La antigua religión del Tíbet era el Bon, una forma de chamanismo. El chamán sería un intermediario entre los espíritus y los individuos. Según el Bon, el mundo tenía tres esferas: el cielo, ocupado por Lha (dioses); la tierra, dominada por Nagas (seres humanos); y el submundo, habitado por Tsen (demonios).

El Palacio Potala, (siglo 17), sigue siendo una de las estructuras más asombrosas de la tierra. Incorpora el corazón del budismo tibetano, como religión y como fuerza política. Miles de aposentos albergan santuarios domésticos, estatuas, y tumbas de Dalai Lamas anteriores. (El Dalai Lama es el gobernante tradicional a la vez que sumo sacerdote o dios. Sin embargo, después de la toma comunista en 1950, el Dalai Lama se exilió en la India en 1959.) El palacio está lleno de diferentes ídolos con significado espiritual. Maitrya es un Buda iluminado todavía por venir, la ira de Tara pueda ser buscada, o Amitayus traerá la vida infinita. Estos son sólo unos pocos de los ídolos que tienen refugio, adoración y honor en este palacio.

Levantándose temprano en la mañana, los monjes y peregrinos suben los muchos escalones del palacio cantando, arrodillándose, levantándose, dando un paso –arrodillándose, levantándose, dando un paso... cantando la misma oración.

Puntos de oración

1. Ore por la salvación del Karmapa considerado como la reencarnación del Gran Buda Viviente, y parte de una secta demoníaca del budismo.
2. Pida en oración que los cristianos exiliados regresen y prediquen el evangelio y animen a los creyentes, y que el Dalai Lama, exiliado en la India, llegue a conocer a Jesús.
3. Pida que se abran las puertas para una sabia distribución de las Escrituras en lenguaje tibetano.
4. Pida que Yama, el rey del infierno que es el protector demoníaco del Tíbet, sea expuesto a la luz para que muchos se vuelvan a Jesús, el vencedor de la muerte.
5. Pida que los monjes iniciados en el Tantra de Yamantaka, del Templo Jokhang, lleguen a contactarse con la Palabra Viva y reciban la salvación.
6. Pida que las pequeñas congregaciones caseras de la ciudad sean fortalecidas y se multipliquen en todo el valle de Lhasa.

Lanchou

Día 22

Significado: «la ciudad fragante»
País: China, provincia de Kansu
Población: 1.803.000
Pobreza: Una de las zonas más pobres de la China.
Composición religiosa:
   59,1% ateos/irreligiosos
   30,1% religiones chinas
   1,4% musulmanes
   6,1% cristianos
   5,0% evangélicos
Condición de la iglesia: Una iglesia MPTA en el Camino Zhangye
Principales sitios religiosos: Pagoda Blanca, Templo de los Dioses de la Ciudad, Cavernas Budistas Blingisi

Importancia/historia de la ciudad:

El viento levanta el polvo del desierto que se extiende desde Lanchou al interior de Mongolia y lo arroja sobre la ciudad. Este polvillo, mezclado con la contaminación industrial, cubre la ciudad, capital de una de las provincias más pobres de la China.

Para los mercaderes de la antigüedad que cruzaban el desierto, los villorrios de los oasis marcaban las etapas de su viaje, desde lugares tan lejanos como Roma, para hallar la valiosa seda del Oriente.

Lanchou ha sido una ciudad de cruce de caminos desde su comienzo. Las rutas comerciales corrían en todas direcciones y traían viajeros inusitados que pasaban por la ciudad. La seda iba al occidente con los viajeros; el budismo era traído del sur.

Bordeando el río Amarillo, Lanchou se desarrolló como enlace ferroviario para dar paso a las mercaderías que iban a otros lugares, pero ahora ha sido transformada en un centro industrial para el noroeste de la China.

Centro de la energía atómica industrial de la China

El río Amarillo da agua a una tierra desértica pero extremadamente fértil. Los cultivos de melones y frutas mantienen trabajando a la mayoría de la población pero, en los últimos tiempos, la industria de la energía atómica de la China ha establecido su centro en Lanchou.

═══ Puntos de oración ═══

1. Pida en oración que el evangelio llegue con poder a esta desolada región desértica de la China que a la vez está espiritualmente desolada.
2. Pida que vengan maestros y obreros cristianos a esta ciudad, que tiene bajos niveles de alfabetización y una tasa elevada de pobreza.
3. Ore por el testimonio al pueblo hui que étnicamente es chino, pero culturalmente es musulmán, y que su resistencia tradicional al evangelio sea quebrantada.
4. Pida que el Espíritu Santo se mueva entre los soldados chinos, que constituyen un gran porcentaje de la población.
5. Pida que los líderes de esta capital provincial no persigan a los creyentes ni estorben el crecimiento de la iglesia.

Pekín

Día 23

Significado: «capital norteña»
País: China*
Población: 12.332.000
Pobreza: El comunismo ha suplido las necesidades básicas
Composición religiosa:
- 59,1% ateos/irreligiosos
- 30,1% religiones chinas
- 1,4% musulmanes
- 6,1% cristianos
- 0,1% evangélicos

Condición de la iglesia: MPTA crece y hay iglesias clandestinas
Principales sitios religiosos: Templo Fayuan Si, Templo musulmán Niu Jie, Templo Guangii, Centro en Memoria de Mao Tse Tung, Templo del Cielo

Importancia/historia de la ciudad:

La ubicación de Pekín en el borde de la llanura norteña de la China hizo de ella una ubicación militar estratégica para dominar el norte de la China. Invasiones brutales han golpeado a Pekín a través de la historia.

Gengis Khan, procedente de Mongolia, destruyó la ciudad y masacró a sus habitantes en el siglo 13. De los escombros se levantó Khanbaliq, «la ciudad del Khan». Su nieto, Kublai Khan, gobernó toda la China, con Khanbaliq como su capital. La corrupción y el fraude destruyeron el reinado del Khan y se instaló la dinastía Ming en su lugar.

La Ciudad Prohibida, el Templo del Cielo y las Tumbas Ming son ejemplos duraderos de la grandeza y de la actitud exclusivista del asiento del poder Ming. La dinastía Ming, que reinó desde el siglo 14 al 17, se derrumbó y dio lugar a que la dinastía Ts'ing asumiera el poder y estableciera su capital en Pekín, sólo para después ser víctima de la Revolución Cultural de 1911.

Después de la derrota japonesa en la Segunda Guerra Mundial, Mao Tse Tung asumió el poder e inició la República Popular de la China, y entregó toda la China al comunismo. Pekín creció, el antiguo imperialismo dio paso al comunismo; con el comunismo vinieron los caminos, los ferrocarriles, un solo idioma y la educación universal.

Puntos de oración

1. Desde Pekín se gobierna a 1.200 millones personas. Pida en oración que los propósitos de Dios se realicen por medio del gobierno, en especial cuando muera la «vieja guardia» comunista. Pida que surjan funcionarios favorables al cristianismo.
2. Ore por la seguridad de los líderes de las iglesias caseras, que son perseguidos por tratar de ministrar en nombre de Cristo en este entorno tan estrechamente controlado. Pida que los creyentes tengan el discernimiento de cómo y a quién compartir el evangelio.
3. Pida que los intelectuales universitarios, desilusionados de su búsqueda de la verdad, descubran a Cristo; y por seguimiento y edificación eficaces a los intelectuales que recibieron a Cristo mientras estudiaban en el extranjero y han regresado.
4. Muchos intereses de negocios extranjeros afluyen a Pekín. Pida en oración que los cristianos sepan aprovechar sabiamente estas oportunidades de modo que el reino de Dios avance.

Huhehot

Día 23

Significado: «ciudad verde»
País: China, interior de Mongolia
Población: 1.312.000
Pobreza: El comunismo ha suplido las necesidades básicas
Composición religiosa:
  59,1% ateos/irreligiosos
  30,1% religiones chinas
  1,4% musulmanes
  6,1% cristianos
  5,0% evangélicos
Condición de la iglesia: 2.000 cristianos mogoles en la China.
Principales sitios religiosos: Pagoda de los Cinco, Templos (Wuta Zhao), Templo Da Zhao, Templo Xilitu Zhao, Gran Mezquita

Importancia/historia de la ciudad:

El invierno era frío, al arrojar el viento una fresca capa de nieve contra el lado norte del *yurt* (la tienda de campaña en que vivían los nómadas). Para evitar el frío, se amarraban los caballos al lado sur de la pequeña vivienda circular. Adentro, la leche de cabra seguía tibia aún. Ogadai recordaba el verano, cuando los pasturajes proveían mucho alimento. Ahora, el viento del norte sopla y casi todo está congelado. Mañana él dejará a su familia y hará el viaje de un día hasta Huhehot. Él supo que un monje budista tibetano estaba en el pueblo y quiere ofrecer una cabra al dios sol.

Los dioses están por todas partes: en los ríos, las estrellas, el sol y la luna. La naturaleza ofrecía infinidad de dioses para adorar y reverenciar pero, en Huhehot, los sacerdotes mongoles saben cómo hacer que una ofrenda sea aceptable a los diferentes dioses. El monje budista podría, además, suministrar conocimiento espiritual. Ogadai puede también intercambiar pieles por sal y otras mercaderías en Huhehot.

Así era la vida de un pastor nómada mongol hace mil años. Huhehot empezó como puesto de comercio y sitio de Templos. Cuando China y la ex URSS combatieron por Mongolia, la Mongolia interior quedó como parte de la China, con Huhehot como el centro administrativo y educacional. Los mongoles son un pueblo minoritario en su propia patria.

Puntos de oración

1. Pida en oración que el evangelio sea plantado y dé fruto en los mongoles, que tradicionalmente son resistentes. Ore por la preparación de un Nuevo Testamento en idioma mongol.
2. Pida que el ministerio radial dirigido a los mongoles pueda producir una mayor cosecha.
3. Pida que las aspiraciones nacionalistas de los mongoles puedan realizarse en la llegada del reino de Dios a este pueblo.
4. El analfabetismo ha sido un obstáculo para que los chinos han cristianos crezcan en su fe. Ore por el aumento del entendimiento de la Palabra de Dios en estos creyentes.
5. Ore por maestros que ayuden a elevar el nivel de escolaridad de los residentes.

Tientsín

Día: 23
Significado: «vado del cielo»
País: China
Población: 10.995.000
Pobreza: El comunismo ha suplido las necesidades básicas
Composición religiosa:
  59,1% ateos/irreligiosos
  30,1% religiones chinas
  1,4% musulmanes
  6,1% cristianos
  5,0% evangélicos
Condición de la iglesia: MPTA 78.000 miembros
Principales sitios religiosos: Gran Mezquita, Monasterio Dabeiyuan, Templo de Confucio, Templo Tianhou

Importancia/historia de la ciudad:

Desde el 3 siglo A.C., cuando la historia de China se conocía como el período de los Estados Guerreros, Tientsín ha tenido una reputación de militante. Muchos consideraron estratégica a esta ciudad fortificada, porque era ideal como puerto comercial y enlace principal con Pekín. Francia, Gran Bretaña, Bélgica, Alemania, Rusia, Japón, Italia y los Estados Unidos han gobernado a Tientsín debido a sus intereses en el comercio del Lejano Oriente. Durante épocas, algunos de estos países tuvieron simultáneamente una significativa presencia militar y diplomática en la ciudad.

Los misioneros que llegaron con los hombres de negocio, vieron la ciudad como un lugar abierto para ministrar.

Todos los invasores extranjeros dejaron su huella en la ciudad. Los diferentes edificios tienen características francesas, alemanas o italianas. Durante la Segunda Guerra Mundial Japón ayudó a que la ciudad avanzara como gigante industrial.

El río Hai He permitía a los barcos llegar a la ciudad pero la acumulación de sedimentos fluviales hizo que el puerto principal se situara río abajo. Los japoneses empezaron el dragado y agrandaron el puerto, obra que finalmente terminaron los comunistas. Ahora Tientsín maneja una gran cantidad de mercaderías, lo que lo hace una de las zonas de mayor actividad de la China. Es la tercera ciudad más grande del país y el centro de compras más activo, cuya Calle Comercial sirve a casi 700.000 compradores diarios.

Puntos de oración

1. Pida en oración que los cristianos crezcan en denuedo y fe y que los creyentes que ocupan puestos políticos tengan sabiduría y un testimonio efectivo.
2. Pida que recursos y obreros de dentro y fuera del país para la evangelización sean dirigidos a Tientsín, y que la ciudad llegue a ser un verdadero vado del reino del cielo en esa región de China.
3. Pida que la respuesta a las transmisiones radiales cristianas y a la película *Jesús* aumente mucho y que la literatura cristiana sea más accesible.
4. Pida que la desilusión del comunismo y las costumbres antiguas sea reemplazada por la esperanza en Jesucristo.
5. Pida que los cristianos que trabajan entre los obreros de las instalaciones petroleras del mar Bohai tengan oportunidad de evangelizar a sus compañeros de trabajo.

Taiyuan

Día 24

Significado: «gran grande»
País: China, provincia de Shansi
Población: 2.596.000
Pobreza: Una de las provincias más pobres de la China
Composición religiosa:
  59,1% ateos/irreligiosos
  30,1% religiones chinas
  1,4%   musulmanes
  6,1%   cristianos
  5,0%   evangélicos
Condición de la iglesia:
  MPTA 108.000 miembros
Principales sitios religiosos: Monasterio Chongshan, Monasterio Yongzhou, Complejo del Templo Jinci, Pagoda del Templo Doble

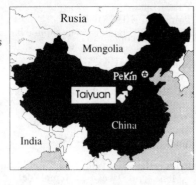

Importancia/historia de la ciudad:

Desde su fundación, esa ciudad ha sido lugar de conflicto. Veintisiete templos fueron dedicados, a la vez, al dios de la guerra —imperaba la violencia—. Cuando una campaña militar tras otra barría a la China, Taiyuan estaba siempre en el medio. Casi toda fuerza invasora ha conquistado la ciudad.

A comienzos del siglo 20, el emperador de la China emitió un edicto, que se matara a todos los extranjeros, y estalló la revuelta de los boxers. Para ejecutar el edicto, soldados de la sociedad secreta china fueron de ciudad en ciudad matando a los extranjeros, especialmente a los «malvados» —misioneros.

Cuando las tropas llegaron a Taiyuan encontraron una ciudad amurallada. Las puertas estaban cerradas, habiendo atrapado a todos adentro. Las tropas persiguieron y decapitaron a los malvados: 130 misioneros extranjeros fueron martirizados. La iglesia china local de 3.000 miembros perdió aun más, pues muchos trataron de proteger a los misioneros o quisieron identificarse con Cristo y no con la revuelta.

Taiyuan es el centro industrial de la zona y asiento de 9 institutos de enseñanza superior.

═══ Puntos de oración ═══

1. Pida en oración que de la sangre de los mártires brote un testimonio fuerte y fiel que produzca fruto de justicia mayor que el mal del pasado.
2. La provincia de Shansi es una de las menos evangelizadas de China, posiblemente haya menos de uno por ciento de cristianos. Pida a Dios que levante evangelistas y que Taiyuan llegue a ser un centro de difusión del evangelio.
3. Ore por la entrega segura de Biblias y libros cristianos que pasan por Taiyuan en camino a los creyentes del campo circundante.
4. Ore por los creyentes que soportan condiciones extremadamente duras en las minas de carbón que rodean la ciudad, que su testimonio gozoso atraiga a otros a Cristo.
5. Pida que el culto a Guanyin, la diosa de la misericordia, que se hace en el Monasterio Chingshan sea reemplazado por la adoración del verdadero Dios de misericordia.

Tsinang (Jinan)

Día 24

Significado: «al sur del río Ji»
País: China, provincia de Shantung
Población: 3.208.000
Pobreza: El comunismo ha suplido las necesidades básicas
Composición religiosa:
  59,1% ateos/irreligiosos
  30,1% religiones chinas
  1,4% musulmanes
  6,1% cristianos
  5,0% evangélicos
Condición de la iglesia:
  MPTA 20.000 miembros
Principales sitios religiosos: Montaña de los Mil Buda, Monasterio de Shantung, Templo de la Roca Divina

Importancia/historia de la ciudad:

Tsinang suele llamarse la ciudad de los manantiales por referencia a sus 102 arroyos naturales, cuya fuente es el lago de la Gran Pureza, en las afueras de la ciudad. Hay enormes diques que protegen la ciudad de las periódicas inundaciones del río Amarillo. El ferrocarril de Shanghai a Pekín pasa por Tsinang, dando ingresos y comercio.

En China hay dos distinciones principales en la iglesia: El Movimiento Patriótico de Triple Autonomía (MPTA) y el movimiento de las iglesias caseras. El MPTA está dirigido por el gobierno y obliga a los adoradores a inscribirse oficialmente. Debido a la afiliación gubernamental de esta iglesia, muchos piensan que han vendido sus almas al enemigo. No hay duda de que el gobierno pone pastores en las iglesias MPTA, pero hay verdaderos creyentes en ellas.

> En China hay dos iglesias principales

En los últimos años se ha abierto un seminario MPTA en Tsinang. Los cristianos chinos deciden ser entrenados para dirigir la iglesia. Más de 100 personas presentaron solicitudes para las 54 vacantes del seminario. Cerca de 60% del programa es considerado bíblico, y 40% no bíblico. Donde la Palabra de Dios es limitada, deben fluir las oraciones para que ese 60% sea una espada aguda de dos filos.

Puntos de oración

1. El gobierno ha empezado a permitir que la Biblia sea impresa en China, la mayor parte de ellas va a los creyentes espiritualmente hambreados de las iglesias del MPTA. Pida en oración que estas Biblias produzcan una gran cosecha y verdaderos adoradores.
2. Ore por el seminario del MPTA. Que Dios use este edificio y estos estudiantes para ensalzar Su nombre y aumentar Su gloria en toda China. Ore por la enseñanza y el entrenamiento bíblicos.
3. Pida que los residentes de esta ciudad de los manantiales lleguen a conocer a la Fuente de la verdadera agua viva, que trae rectitud y pureza reales.
4. Ore por el avivamiento espiritual de este centro educacional e industrial.
5. Tai Shan, una de las cinco montañas sagradas de la China, se yergue 100 kilómetros al sur de la ciudad. Pida que la potestad espiritual que hay tras esta fortaleza sea rota.

Nankín

Día 24
Significado: «capital del sur»
País: China, provincia de Kiangsu
Población: 3.073.000
Pobreza: Provincia llamada «tazón de arroz de la China»
Composición religiosa:
  59,1% ateos/irreligiosos
  30,1% religiones chinas
  1,4%   musulmanes
  6,1%   cristianos
  5,0%   evangélicos
Condición de la iglesia: MPTA 106.000 miembros
Principales sitios religiosos: Templo Linggu, Templo Confuciano Qinhuai, Tumba Ming y Mausoleo de Sun Yat Sen, Centro Confuciano Fuzimiao, Monumento a los Mártires Revolucionarios

Importancia/historia de la ciudad:

Como lo sugiere su nombre, Nankín ha sido capital de la China en el pasado. Por razones económicas y militares, la ciudad ha sido seleccionada y rechazada como capital. En el siglo 19 la Revolución Taiping (*Suprema Paz*), un ejército cristiano chino, logró controlar la mayor parte del sur de la China, sólo para que la dinastía manchú pusiera fin a la revolución con la ayuda de potencias extranjeras.

La iglesia siguió creciendo, pero con la Revolución Cultural se pasó a la clandestinidad en su gran mayoría. El miedo a la muerte o a la cárcel, y la sospecha de la conexión del MPTA con el gobierno, llevaron a muchos creyentes a esconderse. Pequeñas iglesias caseras se reúnen en diferentes lugares para adorar calladamente con temor. Durante casi 50 años el movimiento de la iglesia casera ha seguido creciendo. El número «oficial» de creyentes es principalmente el conteo de los miembros del MPTA. No se conoce la cantidad de creyentes de las iglesias caseras. El hambre de la Palabra de Dios es fuerte. Dentro de Nankín y en sus alrededores se parte la Biblia para que un creyente se lleve el libro de Juan, otro el de Rut o el de Hebreos. Estos creyentes extremadamente pobres reúnen dinero para traer Biblias de Hong Kong y de otros lugares.

Puntos de oración

1. Ore por los estudiantes y la facultad del Seminario Teológico Unión de Jingling para que deseen servir a Dios y ser guiados por El.
2. Pida a Dios que bendiga los cursos por correspondencia y de extensión que ofrece el seminario a los creyentes de los pueblos y aldeas de la China.
3. Ore por el aumento de la producción de Biblias por parte de la Fundación Amity, afiliada al MPTA, y que estas Biblias vayan a las manos de los creyentes que tienen hambre de la Palabra de Dios.
4. Ore por protección para los creyentes de iglesias caseras que están siendo presionados a unirse a las iglesias del MPTA, y que reciban Biblias de la iglesia oficial sin tener que inscribirse.
5. Pida que haya avivamiento entre los creyentes de las iglesias del MPTA y los de las caseras.

Sian

Día 25
Significado: «paz occidental»
País: China, provincia de Shensi
Población: 3.417.000
Pobreza: El comunismo ha suplido las necesidades básicas
Composición religiosa:
  59,1% ateos/irreligiosos
  30,1% religiones chinas
  1,4%   musulmanes
  6,1%   cristianos
  5,0%   evangélicos
Condición de la iglesia: MPTA 113.000 miembros.
Principales sitios religiosos: Templo de la Gran Gracia Maternal, Templo Jianfu, Ba Sian An, Pagoda del Gran Ganso Silvestre, Gran Mezquita

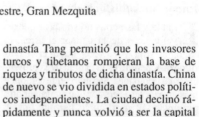

Importancia/historia de la ciudad:

Las ciudades como Pekín y Shanghai son hoy bien conocidas por la mayoría de la gente. Hace tres mil años Sian era la Roma del Oriente. Los mercaderes venía por la Ruta de la Seda desde Roma, Persia o Asia Central para hacer negocios en esta gran ciudad. Los mercaderes, los artistas y los soldados andaban por sus calles. Los sacerdotes y los emperadores eran honrados y adorados. La ciudad fue la capital de 13 dinastías antiguas; pues una caía y la otra surgía. La Ruta de la Seda también facilitó la expansión del budismo hacia el Este de la China.

En el siglo 8 bien pudieran haber vivido 2 millones de personas en la zona metropolitana de Sian, pero la debilidad de la dinastía Tang permitió que los invasores turcos y tibetanos rompieran la base de riqueza y tributos de dicha dinastía. China de nuevo se vio dividida en estados políticos independientes. La ciudad declinó rápidamente y nunca volvió a ser la capital nacional.

El gobierno comunista, en su empeño de descentralizar la industria de las enormes ciudades del este, ha desarrollado a Sian como centro industrial. Esto ha producido un gran crecimiento de la población en los últimos 50 años, superior al del siglo octavo. El gobierno también ha construido muchos edificios grises, ha convertido templos en fábricas o almacenes y ha mejorado mucho los ferrocarriles y los caminos.

Puntos de oración

1. La Tableta Nestoriana, el registro de la introducción inicial del cristianismo en China en el siglo 7, se guarda en el museo provincial. Pida en oración que esta piedra hable proféticamente al pueblo acerca de su legado cristiano.
2. Pida que se conozca en esta ciudad de la paz al verdadero Príncipe de paz.
3. Ore por la bendición de Dios para las iglesias caseras no oficiales de Sian y sus alrededores, que están entrenando a cientos de evangelistas y líderes.
4. Pida que los esfuerzos de estos pioneros evangelistas por establecer iglesias en toda la China central tengan éxito.
5. Pida que el barrio musulmán de la ciudad sea alcanzado con el evangelio.
6. Pida que los miembros del MPTA conozcan a Cristo como Salvador, y a la Biblia como Palabra de Dios.

Chengtu

Día 25
Significado: «ciudad perfecta»
País: China, provincia de Sichuán
Población: 3.528.000
Pobreza: Rica en productos agrícolas
Composición religiosa:
  59,0%   ateos/irreligiosos
  30,0%   budistas/taoístas
  6,0%   cristianos
  1,8%   evangélicos
Condición de la iglesia:
  MPTA 55.000 miembros, 2 iglesias.
Principales sitios religiosos: Monasterio de Baoguan, Monasterio de Wenshu, Templo Marquis Wu, Templo Qingyang Gong (taoísta)

Importancia/historia de la ciudad:

El jade y las perlas no son las riquezas verdaderas de la China: el arroz, el trigo, la soja y la seda traen la mayor riqueza. Chengtu es la capital de la provincia más poblada, Sichuán, que produce más arroz y otros granos que cualquier otra provincia. El fértil suelo permite que la agricultura desempeñe un papel importante en la vida y, por supuesto, la seda trae aun más riqueza.

Du Fu, un estudiante brillante, estudia para tomar el examen de ingreso a la universidad. Si logra entrar a la universidad, tendrá un futuro seguro. Uno de sus amigos reprobó el examen, no tanto por falta de conocimiento como por la extremada presión que acompaña a este examen.

Du Fu sale del apartamento de sus padres, ubicado en un tercer piso, y baja por las escaleras mal iluminadas. Monta su bicicleta y se dirige al Monasterio de Wenshu; Wenshu es el dios de la sabiduría, y sería una necedad no ofrecer incienso a él. Luchando con otras bicicletas por el derecho de vía, Du Fu gira a la izquierda por la ruta que lleva a Wenshu. Pasa frente al adivinador de la suerte, y se detiene brevemente a comprar incienso, luego estaciona su bicicleta.

Finalmente, ante la estatua del Buda que llegó en el pasado del Tíbet, enciende tres barritas de incienso y se inclina, doblando con gracia la cintura. El examen oprime su mente mientras pide sabiduría.

Puntos de oración

1. Muchas agencias misioneras tienen representación aquí y cada una tiene su propio punto de vista en cuanto a cómo compartir el evangelio. Ore por la unidad y la cooperación entre los cristianos.
2. Ore por la seguridad de los creyentes de las iglesias caseras, que enfrentan una considerable represión de parte de la Oficina de Asuntos Religiosos, el MPTA y la policía.
3. Ore por el testimonio efectivo a la «población flotante» de Chengtu, compuesta por campesinos que emigran de las aldeas de los alrededores.
4. Ore por receptividad entre los estudiantes interesados en libros acerca del cristianismo.
5. El Templo Marquis Wu contiene la historia de tres dioses, uno de los cuales sigue influyendo mucho en la mayoría de los actuales chinos. Pida en oración que esta influencia que ata a la gente sea rota.
6. Los misioneros y los obreros bivocacionales que están aquí luchan contra la soledad, la depresión y la frustración. Ore por su liberación de toda opresión demoníaca.

Chungking

Día 25

Significado: «buena suerte repetida»
País: China, provincia de Sichuán
Población: 3.646.000
Pobreza: Rica en productos agrícolas
Composición religiosa:
   59,1%   ateos/irreligiosos
   30,1%   religiones chinas
   1,4%   musulmanes
   6,1%   cristianos
   5,0%   evangélicos
Condición de la iglesia: MPTA 53.000 miembros.
Principales sitios religiosos: Templo Luo Han, Templo del Complejo Beiwenquan

Importancia/historia de la ciudad:

Chungking fue establecida en la península formada por la confluencia de los ríos Chialing y Yangtsé. El reino Ba usó, alrededor del 200 A.C., esta península como capital e importante centro comercial. La península daba protección natural por tres lados contra invasiones del exterior.

El río Yangtsé es una de las principales arterias que cruza la China y el tercer río más largo del mundo. El río conecta a Chungking con Shanghai. Las barcazas atracan en Chaotiamen mientras los obreros portuarios acomodan en sus hombros las varas de bambú para desembarcar la carga. En las riberas del río están las chimeneas que esparcen al aire contaminación. Detrás del humo se yerguen las colinas de la ciudad y pueden verse las casas.

Aunque los japoneses bombardearon mucho esta ciudad en la Segunda Guerra Mundial, sigue conservando algunas casas antiguas, callejones angostos y escaleras en espiral. Muchos refugiados del nordeste huyeron delante de las asesinas fuerzas japonesas que se desplazaban hacia el sur. La población de Chungking creció a casi dos millones.

Después de la guerra se firmaron acuerdos de paz y la ciudad llegó a ser la más industrializada en el sudoeste de la China. El crecimiento industrial, la ubicación buena para el comercio entre el norte y el sur y el centro de navegación fluvial han hecho que la ciudad llegue a más de 3 millones de personas.

Puntos de oración

1. Ruegue por los creyentes que tratan de establecer la iglesia en este aglomerado centro de transporte a fin de difundir el evangelio en el sudoeste chino.
2. Chungking ha sido tradicionalmente un bastión del budismo. Pida en oración que sea rota esta fortaleza para que pueda brillar la luz del evangelio.
3. Pida que los miembros del MPTA crezcan en su andar con el Señor y en su conocimiento de la Biblia.
4. Ore por que los obreros alcancen a los tibetanos que viven en la provincia de Sichuán, y que se establezcan iglesias tibetanas.
5. Pida que los adoradores del Templo Luo Han que tratan de liberarse de la ambición y el odio se den cuenta de que sólo Cristo puede perdonar el pecado y librar de la condenación.

Shanghai

Día 26
Significado: «océano superior»
País: China
Población: 15.112.000
Pobreza: creciente desempleo
Composición religiosa:
  59,1% ateos/irreligiosos
  27,0% religiones chinas
  8,0% cristianos
  2,0% evangélicos
Condición de la iglesia: 80 iglesias del MPTA, oficinas centrales del MPTA; fuertes iglesias no oficiales.
Principales sitios religiosos: Templo Longhua, Templo de los Dioses de la Ciudad, Templo del Buda de Jade, Sitio del Primer Congreso del Partido Comunista

Importancia/historia de la ciudad:

La ubicación estratégica de Shanghai señaló a esta pequeña insignificante aldea textil y pesquera como destinada a ser la ciudad más grande de China. El río Yangtsé, que fluye por ella, sale al océano Pacífico justo al sur de Shanghai, y une la ciudad con el lejano Tíbet y otras ciudades entre ambos puntos. El comercio la ha hecho el tercer puerto mayor del mundo.

Los ingleses, seguidos por los franceses y los japoneses, abrieron la ciudad para sus propios intereses en el siglo 18. Estas entidades extranjeras edificaron centros de poder autónomos unos al lado de los otros, dentro de Shanghai y alrededor de ella. Con la riqueza extranjera y mano de obra barata, la aldea creció hasta alcanzar el millón para el 1800. La ciudad tomó un aspecto muy occidentalizado, pues los extranjeros edificaban en sus propios estilos. Los siervos chinos, el trabajo esclavo de los niños, y la prostitución llegaron a ser parte de la huella del occidente.

Después de la Segunda Guerra Mundial, los comunistas eligieron a Shanghai para que fuera la primera «ciudad modelo» de la Revolución Cultural. La rehabilitación de los adictos al opio y la proscripción del trabajo infantil esclavo se acreditan a sus esfuerzos.

El exceso de población y el desempleo plagan las calles. Los que vienen de aldeas rurales devueltos a sus lugares porque sencillamente no queda lugar para que vivan y trabajen.

Puntos de oración

1. Ore por los estudiantes universitarios que buscan el sentido de vivir. Ellos están dispuestos a escuchar la proclamación del evangelio y no resisten la verdad cuando la entienden.
2. La prosperidad y el materialismo han atrapado los corazones, y el dinero es el factor más importante de sus vidas. Ore en contra de este espíritu de Mammón y ambición.
3. La lujuria y la prostitución caracterizaron al Shanghai antes de la Revolución. Estas influencias procuran nuevamente hoy minar la moral de la sociedad china. Pida en oración que sea roto este espíritu de decadencia sobre la ciudad de una vez por todas.
4. Se requiere de servicios múltiples en las iglesias oficiales para manejar la elevada asistencia. Pida que las iglesias del MPTA se vuelvan menos políticas y más espirituales.

Wuhan

Día 26
Significado: Contracción de los nombres de tres ciudades
País: China, provincia de Hupeh
Población: 4.556.000
Pobreza: El comunismo ha suplido las necesidades básicas
Composición religiosa:
  59,1% ateos/irreligiosos
  30,1% religiones chinas
  6,1% cristianos
  5,0% evangélicos
Condición de la iglesia: Muchas iglesias del MPTA que crecen, fuertes iglesias caseras.
Principales sitios religiosos: Templo Guiyuan, Pagoda Hongshan

Importancia/historia de la ciudad:

El nombre de Wuhan es la contracción de los nombres de tres ciudades: Wuchang (Wu) y Hanyang y Hankow (han) que fueron finalmente unificadas en 1957. Wuchang situada en la ribera oriental del río Yangtsé, creció durante la dinastía Han como capital regional y ciudad fortificada.

En la ribera occidental del Yangtsé, Hankow era solamente una aldea hasta que la ciudad se abrió al comercio exterior. Los rusos, los británicos, los franceses, los alemanes y los japoneses se dedicaron a establecer centros regionales aquí. El dinero extranjero hizo de Hankow un centro industrial en el interior de la China. La presencia extranjera posibilitó que las agencias misioneras enviaran más trabajadores al interior. La Misión al Interior de la China fue pionera de la obra en Wuhan al usar misioneros extranjeros y nacionales.

Cerca de Hankow pero separada por el río Han, más pequeño, Hangyang tuvo comienzos más lentos. El crecimiento de Hangyang no llegó sino a fines del siglo 19, cuando los manufacturadores industriales edificaron plantas siderúrgicas. La invasión japonesa destruyó totalmente la mayor parte de la industria pesada. Cuando empezó la reconstrucción, muchas de las fábricas fueron equipadas para la industria liviana.

Wuhan es hoy el centro industrial y comercial más importante de la China central.

Puntos de oración

1. Pida en oración que las iglesias del MPTA, como la Rong Guang Tang (Iglesia de la Gloria), sean llenas de la gloria y el poder del Señor.
2. Ore por la unción del testimonio cristiano a los militares chinos, que tienen una fuerte presencia en la provincia de Hupeh.
3. La provincia tiene menos de 3% de cristianos. Ore por los evangelistas que trabajan ahí, y que el Espíritu Santo produzca una cosecha.
4. Ore por la efectividad de los profesionales cristianos extranjeros que enseñan en la ciudad, y que Dios llame a más profesores dispuestos a tolerar las durezas de vivir aquí a fin de testificar a los estudiantes.
5. Ore en contra del renovado interés por la religión folklórica tradicional y las costumbres supersticiosas.

Cantón

Día 26
Significado: «capital de una región grande»
País: China, provincia de Kuantung
Población: 4.184.000
Pobreza: El comunismo ha suplido las necesidades básicas
Composición religiosa:
 59,1% ateos/irreligiosos
 30,1% religiones chinas
 6,1% cristianos
 5,0% evangélicos
Condición de la iglesia: 15 iglesias del MPTA, iglesias caseras que crecen.
Principales sitios religiosos: Iglesia Guangxiao, Templo Hualin, Templo Wuxian Guan, Pagoda de los Seis Arboles Banyan, Mezquita Huaishen

Importancia/historia de la ciudad:

La leyenda dice que la ciudad empezó después que cinco cabras con tallos de arroz en la boca descendieron del cielo. Los dioses dieron el arroz y las cabras como símbolo de la liberación del hambre, pero ha seguido habiendo hambre. Cantón es también conocida como Yangcheng, «ciudad de las cabras».

Más que cualquier otra ciudad de China, Cantón ha sido la puerta del comercio con ese país. Ya en el siglo 2 venían mercaderes del Imperio Romano y de la India a intercambiar mercaderías. En el siglo 16 los misioneros jesuitas establecieron una obra en la ciudad. Los siglos siguientes trajeron más comerciantes y potencias extranjeras a la zona. Robert Morrison, el primer misionero protestante, también entró en la China por Cantón en 1807. Cuando Mao cerró la puerta a las misiones, había un total de un millón de cristianos en la provincia.

El opio se volvió una obsesión necesaria para los chinos ricos. Los británicos traían opio de la India para satisfacer la siempre creciente demanda de los adictos chinos. El emperador de la China terminó finalmente por ordenar al gobernador regional de la ciudad que se desembarazara de los británicos. Al terminar la Guerra del Opio (1839-42), los chinos rodearon a los ingleses, mataron a muchos, y echaron de la zona a los restantes —así terminó otro período violento.

Puntos de oración

1. Ore por el crecimiento y el ministerio de las acosadas iglesias caseras, como la bien conocida de Damazhan 33, y por la seguridad de sus pastores.
2. Pida a Dios que ablande los corazones de los funcionarios de la Oficina de Asuntos Religiosos que son adversos a los creyentes que siguen fuera de la cobertura del MPTA.
3. Pida en oración que se ministre eficazmente el evangelio en medio del cambio social, la prosperidad económica y las nuevas tendencias e ideas que afluyen del exterior.
4. Pida que los estudiantes del Seminario Teológico afiliado con la Iglesia Dong Shan del MPTA sean llamados como pastores y evangelistas a la creciente iglesia.
5. Los niños son usados como instrumentos para conseguir dinero. Ore por estos niños atados a la mendicidad. Ore también por las mujeres atrapadas en una vida de prostitución.

Hanoi

Día 27
Significado: «ciudad del recodo del río»
País: Vietnam*
Población: 1.260.000
Pobreza: Economía pobre debido a la guerra.
Composición religiosa:
  52,0% budistas
  29,8% ateos/irreligiosos
  3,0% animistas
  9,8% cristianos (principalmente católicos)
  0,78% evangélicos
Condición de la iglesia: Pequeña pero en crecimiento
Principales sitios religiosos: Chua Mot Cot (Pagoda de un Pilar), Pagoda Dien Huu, Pagoda Quan Su, Mausoleo de Ho Chi Minh

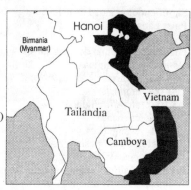

Importancia/historia de la ciudad:

Hanoi ha albergado por 1.000 años a emperadores y funcionarios de gobierno. Bajo el reinado del emperador Ly Thai To, el sitio era conocida como el Dragón Amargado. En el siglo 20 los franceses gobernaron la Indochina desde su capital regional en Hanoi. El período colonial francés inspiró en muchos vietnamitas el deseo de una patria libre e independiente. Los franceses sofocaron varios levantamientos, pero la teoría revolucionaria marxista-leninista estaba echando raíces en los educados.

Durante la Segunda Guerra Mundial el control de poder sobre Indochina pasó de Francia a Japón, mientras el partido comunista crecía en Vietnam del Norte. Los años que siguieron vieron la toma del poder por parte de los comunistas vietnamitas y la división del país en norte y sur mediante la guerra civil. Esta guerra escaló hasta llegar a ser la Guerra de Vietnam, en la que se destruyeron ciudades y aldeas civiles a fin de matar unos pocos de las fuerzas enemigas. Al final, el norte comunista ganó el dominio de todo el país. La guerra civil dio lentamente lugar a la paz bajo el comunismo.

Cuatro décadas de sufrimiento han empezado a permitir mayor libertad para la economía de mercado. Ha habido personeros religiosos (budistas y católicos) encarcelados en años recientes porque representaban voces contra la opresión comunista.

Puntos de oración

1. Pida en oración que sean eliminadas las restricciones en cuanto a la importación de Biblias.
2. Crece la presión de la fuerzas de seguridad sobre las iglesias que no están registradas. El gobierno ha soltado oficialmente su rígida garra sobre la religión, pero la policía sigue allanando iglesias. Pida que los creyentes tengan la libertad de adorar sin ser acosados.
3. Al normalizarse las relaciones comerciales con el mundo exterior, ore por que obreros bivocacionales cristianos sean llamados a trabajar en la ciudad.
4. Pida a Dios que levante una nueva generación de pastores y que estén disponibles los materiales de estudio y libros necesarios para entrenarlos.
5. Pida que se rindan las fortalezas del comunismo y el budismo al poder del Espíritu Santo.

Vientiane

Día 27

Significado: «ciudad de la luna»
País: Laos*
Población: 491.000
Pobreza: Economía de mera subsistencia
Composición religiosa:
  58,7% budistas
  33.0% animistas
  5,1% ateos/irreligiosos
  1,53% cristianos
  0,72% evangélicos
Condición de la iglesia: Crece constantemente
Principales sitios religiosos: Gran Stupa Sagrado, Wat Si Muang, Wat Ong Teu Mahawihan, Wat Sok Pa Luang, Wat Si Saket

Importancia/historia de la ciudad:

El río Mekong y las fértiles llanuras hicieron de Vientiane un sitio natural para que el pueblo lao se estableciera y empezara un pequeño reino. La tradición dice que la ciudad fue establecida en el siglo 16 cuando fue puesto el pilar de Wat Si Muang.

Los líderes religiosos budistas querían construir un Wat (lugar sagrado donde viven los monjes) nuevo, con un pilar de piedra, como pieza central, rodeado de Budas. Se cavó el hoyo, de una cuerda pendía balanceándose sobre el hoyo el pilar elegido, pero se necesitaba un sacrificio. Al sonido de los gongos se congregaron los aldeanos. Una mujer embarazada, voluntaria o no, saltó al hoyo y fue aplastada bajo el pesado pilar. El nombre del templo significa «ciudad sagrada».

> Se necesitaba un sacrificio

La falta de fuerza militar permitió que la zona fuera dominada por cada imperio vecino. Los thai, los chinos, los vietnamitas, y después franceses, estadounidenses y rusos dejaron su marca en la ciudad. Desde el siglo 16 ha sido una capital, pero ya en el siglo 2 los monjes budistas pasaban por aquí.

Durante los últimos 30 años, los comunistas han tenido el poder. Aunque la mayor parte del país es muy fértil, Laos tiene un estándar de vida extremadamente pobre.

Puntos de oración

1. La iglesia sufrió mucho bajo el comunismo, y muchos creyentes se apartaron o descarriaron. Ore por la reconciliación y la unidad del cuerpo de Cristo.
2. Pida en oración que sean levantadas todas las restricciones que pesan sobre la evangelización en público, la edificación de iglesias y los misioneros.
3. Ore por los obreros cristianos bivocacionales que trabajan en la ciudad y que se les den las oportunidades de presentar el evangelio.
4. La mayoría de los líderes preparados de la iglesia se fueron en 1975. Ore por la preparación de pastores y maestros nacionales, y que haya materiales de entrenamiento disponibles.
5. Pida que el resurgimiento del budismo sea frenado con el evangelio.

Phnom Penh

Día 27
Significado: «colina de una mujer llamada Penh»
País: Kampuchea (Camboya)
Población: 2.827.000
Pobreza: La guerra ha causado devastación económica.
Composición religiosa:
87,0% budistas
7,8% ateos/irreligiosos
2,7% animistas
0,38% cristianos (principalmente católicos);
0,08% evangélicos
Condición de la iglesia: 30 congregaciones
Principales sitios religiosos: Wat Phnom, Pagoda Plateada, Monasterio Wat Qunalom, Mezquita Nur ul-Ihsan, Monumento a la Independencia

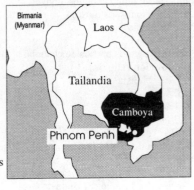

Importancia/historia de la ciudad:

A mediados del siglo 15, el pueblo khmer peleaba con los thai, un enemigo tradicional, al igual que los vietnamitas. Los thai tomaron la ciudad de Angkor, y los khmer tuvieron que trasladarse a Phnom Penh. Más de cien años antes, Penh había hallado un Buda en uno de los tres ríos que corren por la zona. Ella puso el Buda en la colina más elevada como si fuera una pagoda sagrada.

Las batallas con los thai y los vietnamitas continuaron, además de ocupaciones de españoles y franceses. Los monjes católicos llegaron con los occidentales.

Los khmer rojos empezaron lentamente a tomar las zonas rurales. Hacia 1960 controlaban las capitales provinciales, y en 1975 Phnom Penh cayó en sus manos. Siendo comunistas, querían erradicar del país toda religión. Los monjes budistas fueron asesinados, y se calcula que la mayoría de los 10.000 cristianos de Phnom Penh fueron muertos a puñaladas. El khmer rojo mató a muchos, incluso a los educados, porque querían «purificar» al pueblo khmer de la influencia extranjera.

Los vietnamitas enviaron tropas a Phnom Penh debido a las batallas fronterizas. En 1979 el khmer rojo cayó por fin. La ONU ha tratado recientemente de restablecer la paz.

Puntos de oración

1. Ore por la unidad entre los líderes de las iglesias locales, y entre éstos y los líderes cristianos de otros países que trabajan en Phnom Penh.
2. Ore por la protección del cuerpo de Cristo contra el materialismo, la corrupción, la doctrina errada y la competencia.
3. Pida a Dios que levante más líderes cristianos para edificar a los numerosos conversos que está añadiendo al reino de Dios. Se necesitan quienes trabajen con la juventud en particular.
4. Pida a Dios que otorgue sabiduría y finanzas a los cristianos que están dispuestos a ser pioneros en proyectos prácticos para reconstruir la ciudad y las vidas de las personas.
5. Muchos inocentes fueron torturados por el khmer rojo en prisiones como Tuol Sleng. Ore por la curación de las víctimas y el perdón de los antiguos enemigos.

Bangkok

Día 28

Significado: «ciudad de los ángeles, hogar de todos los dioses»
País: Tailandia
Población: 8.627.000
Pobreza: algunos barrios de chabolas
Composición religiosa:
- 93,4% budistas
- 4,0% musulmanes
- 2,7% animistas
- 1,0% cristianos
- 0,3% evangélicos

Condición de la iglesia: Crecimiento lento
Principales sitios religiosos: Santuario del Pilar de la Ciudad, Templo del Buda Reclinado, Templo del Buda de Oro, Templo de Mármol, Templo del Buda de Esmeralda, Wat Saket

Importancia/historia de la ciudad:

Bangkok (Krung Thep) empezó como una pequeña aldea en las márgenes del río Menam en el siglo 18 y, posteriormente, llegó a ser la capital de Tailandia. Ahora más de 8 millones de personas tienen su hogar en la vasta extensión de canales y calles de Bangkok. Su asombroso crecimiento se debe primordialmente al enorme flujo de inmigrantes rurales pobres.

El budismo, con sus interminables ciclos de reencarnación, enseña que se hagan rituales religiosos para ganar méritos, en espera de ganar un mejor regreso en la próxima vida. Tras el budismo existe un complicado mundo de dioses indios y espíritus venerados. En las crisis y temores diarios el pueblo de Bangkok recurre al mundo de los espíritus, a la superstición y a la astrología. Las casas de los espíritus están frente a las viviendas para mantener fuera a los espíritus malos.

El Santuario del Pilar de la Ciudad, que creen habitado por el espíritu guardián de la ciudad, fue inspirado por la costumbre hindú de poner un símbolo fálico en el centro de los templos de Siva. Este espíritu rector es quizá la razón de la fama de Bangkok por su vida nocturna. Los círculos de la prostitución han estado sacando de sus hogares a niñas y niños de las aldeas, y explotándolos hasta que están demasiado viejos o han contraído el SIDA, que es una creciente epidemia.

Puntos de oración

1. Los círculos de la prostitución han crecido y la epidemia del SIDA ha aumentado. Si no se suprimen estos lucrativos círculos, la situación seguirá empeorando. Pida a Dios que ponga fin a esta actividad ilícita.
2. El SIDA tendrá un impacto inevitable en el liderazgo de las generaciones venideras, aun en la iglesia. Pida en oración que pueda detenerse la diseminación de la epidemia.
3. Pida que los muchos niños de la calle sean alcanzados con el evangelio y que termine la esclavitud infantil.
4. Pida que la enseñanza bíblica contrarreste la influencia de las otras religiones y sectas.
5. El atractivo del materialismo está infectando a la iglesia. Pida que se adopte una perspectiva bíblica respecto al dinero y la mayordomía.

Rangún (Yangón)

Día 28

Significado: «no más enemigos»
País: Birmania (Myanmar*)
Población: 3.905.000
Pobreza: El país más pobre de Asia, inflación de 22,6%
Composición religiosa:
  89,0% budistas
  4,0% musulmanes
  4,0% cristianos
  2,5% evangélicos
Condición de la iglesia: Una iglesia «oficial» y una no registrada.
Principales sitios religiosos: Pagoda Shwedagon, Pagoda Kaba Aye, Pagoda Sule, Innwa Jail

Importancia/historia de la ciudad:

Unos 500 años antes de Cristo, el pueblo mon estableció su imperio en este lugar. Sus estrechas relaciones con los reyes indios contribuyeron a la rápida diseminación del budismo entre los mon. Ellos eligieron la colina Singuttara para erigir la Pagoda Shwedagon. Dice la tradición budista que cinco flores de loto dieron origen a cinco pájaros, y que cada uno traía un ropaje o envoltura amarilla. Los ropones eran para cinco Budas que alcanzarían la iluminación y entonces guiarían a este mundo al nirvana. Hasta ahora, cuatro de los cinco han aparecido. Cuando aparezca Maitreya, el quinto, traerá consigo el nuevo ciclo mundial. Cada uno de los cuatro Budas pasados ha dejado reliquias (un báculo, un filtro de agua, uno de los ropones y ocho pelos de la cabeza), todas en Shwedagon.

A través de la historia, peregrinos han venido a esta pagoda trayendo sus ofrendas y esperando que el nirvana venga pronto. La altura de la pagoda de la cumbre de la colina la hace estratégica.

Los ingleses, procurando controlar más el comercio en el oriente, tomaron a Shwedagon porque ésta dominaba el delta. La ciudad se desarrolló bajo el mandato británico. Cuando llegaron los japoneses, fueron vistos como libertadores del dominio inglés. Poco después de la Segunda Guerra Mundial, se otorgó la independencia al país.

Puntos de oración

1. Ore por la unidad entre las iglesias evangélicas y denominacionales.
2. Pida en oración que los líderes de la iglesia crezcan en su visión para la iglesia local, y que la iglesia local se extienda en el nombre de Jesús.
3. Ore por el entrenamiento del liderazgo cristiano y otros programas de entrenamiento de corto plazo —por más líderes locales para el avance del evangelio.
4. Pida que el gobierno cambie su política autoritaria.
5. Cuesta mucho evangelizar a los budistas. Pida que las fortalezas espirituales del budismo sean derribadas.
6. Ore por los pobres: que sean suplidas sus necesidades físicas y que se les predique las buenas nuevas.

Dacca (Dhaka)

Día 28
Significado: nombrada así por Durga, la esposa de Siva
País: Bangladesh*
Población: 9.105.000
Pobreza: muchos barrios de chabolas
Composición religiosa:
  87,0% musulmanes
  11,7% hinduistas
  0,7%   budistas
  0,44% cristianos
  0,08% evangélicos
Condición de la iglesia: crecimiento y constante
Principales sitios religiosos: Mezquita Hassain Dolan, Mezquita Baitul Mukarram, Mezquita Kashaitully, Iglesia Armenia de la Santa Resurrección

Importancia/historia de la ciudad:

Dacca fue establecida en su sitio actual en el siglo 4º debido a la riqueza agrícola de las proximidades del río Burhi Ganga.

Debido a los inundables deltas costeros y colinas del Chittagong, la mayoría de la población vive en las llanuras centrales.

Pocos extranjeros se aventuraron a esta aislada ciudad hasta que, a mediados del sigo XVIII, el imperio mongol extendió sus fronteras de nuevo, incluyendo esta vez a Bengala. Dacca fue la capital regional.

Cuando los británicos entraron al subcontinente indio, Bengala cayó bajo su autoridad. Después de la independencia, en 1971, el país pasó por una guerra civil y emergió como Bangladesh. La población ha seguido creciendo enormemente.

El hambre y los desastres naturales han plagado al país y a la ciudad, y mantenido un elevado nivel de pobreza. Muchas personas de todas las regiones se han instalado en Dacca esperando tener una vida mejor. La antigua sección de Dacca, llamada Sadargat, ha sido un creciente barrio de chabolas que da pocas oportunidades al pobre para mejorar su situación. Por el estancamiento de la economía, aun los educados han caído en la pobreza. El gobierno está instaurando programas para ayudar a los pobres. Los pobres pueden recibir préstamos del gobierno sin interés para establecer pequeños negocios.

Puntos de oración

1. Pida en oración que sean modificadas las cada vez más restrictivas leyes en contra de los cristianos, y que no prevalezcan los grupos musulmanes extremistas.
2. Ore por un incremento en la respuesta al evangelio de parte de los musulmanes y que los líderes de las iglesias que vengan de un trasfondo musulmán tengan la fortaleza para perseverar y soportar la persecución.
3. El Movimiento de la Gran Comisión fue lanzado en 1991 a fin de establecer iglesias y llegar a los grupos étnicos. Pida que se concreten sus metas y que crezca la iglesia.
4. Pida que los medios de comunicación masiva cristianos, la literatura y las Biblias sigan fructificando y que la demanda pueda satisfacerse.
5. Casi 40 estudiantes de la universidad han muerto debido a la guerra de las pandillas universitarias. Pida en oración que el Príncipe de paz sea conocido en la universidad.

Kuala Lumpur

Día 29
Significado: «confluencia de río lodoso»
País: Malasia
Población: 1.800.000
Pobreza: 36% de la población es pobre
Composición religiosa:
  34,2% musulmanes
  30,9% budistas
  17,7% religiones chinas
  10,2% hinduistas
  4,5% cristianos
Condición de la iglesia: 113 iglesias
Principales sitios religiosos: Mezquita Masjid Jame, Mezquita Masjid Negara, Mezquita del Sha Alam, Templo Sri Mamariamman, Pagoda budista internacional, Cuevas Batu (hinduistas)

Importancia/historia de la ciudad:

La prospección de estaño atrajo a muchos en 1857 a la confluencia de los ríos Klang y Gombak. Poco después de descubrirse estaño, Kuala Lumpur llegó a ser una ciudad próspera. La gente afluyó de lugares tan lejanos como la China para la minería del estaño.

La ciudad nunca retrocedió. Ha crecido hasta ser la capital y ciudad más grande de Malasia —un centro cultural y comercial, particularmente para las industrias del caucho y del estaño. La población de Kuala Lumpur abarca chinos, indios (traídos por los ingleses a trabajar en las plantaciones de caucho), y malayos.

Estos tres grupos tienen creencias religiosas sumamente diferentes (budismo, hinduismo e Islam). Pero en una región muy a menudo relacionada con el budismo y el animismo, se destacan los malayos como una poderosa fuerza islámica. Ser malayo es ser musulmán. Para un malayo convertirse al cristianismo significa abandonar sus raíces culturales.

EL gobierno ha cerrado las puertas para el ministerio cristiano a los malayos, pero no hay restricciones para testificar a los que no lo son. Es ilegal que alguien haga prosélitos entre los malayos nativos. Para los cristianos, ministrar a los malayos significa juicio y hasta cárcel.

═══ Puntos de oración ═══

1. Ore en contra del espíritu de superstición en los malayos que recurren a los servicios del *bomoh* local, «mago de los espíritus» para resolver asuntos espirituales. Pida a Dios que siga revelándose por medio de sueños y visiones.
2. El divorcio es un hecho corriente de la sociedad malaya debido a la falta de confianza que hay en muchos matrimonios. Ore por el establecimiento de los ministerios cristianos para responder a este problema.
3. Pida en oración que sean derogadas las restricciones gubernamentales en contra de evangelizar a los malayos —que cese la persecución de los conversos malayos y de los creyentes que les testifican.
4. Pida que la evangelización a los hogares de budistas e hinduistas dé mucho fruto.
5. Ore por la unidad de la iglesia, a pesar de la persecución, y que Dios fortalezca a los pastores y líderes.

Yakarta

Día 29

Significado: «lugar de victoria»
País: Indonesia*
Población: 11.401.000
Pobreza: 15% de la población es pobre.
Composición religiosa:
  96,0% musulmanes
  3,6%   cristianos
  1,4%   evangélicos
Condición de la iglesia: Crecimiento en los últimos años.
Principales sitios religiosos: Mezquita Istiqlal, Mezquita Al Azhar, Templo Vihara Dharama Jaya, Sede de Wisma Subud Cilandak, Iglesia Gerja Sion

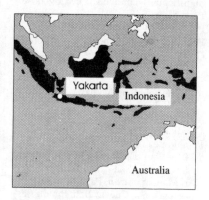

Importancia/historia de la ciudad:

Los viajeros hindúes consideraron que el puerto de Sunda Kelapa de Yakarta servía para protegerse de las tormentas y era un buen centro comercial. El control por parte de los poderes hindúes pasó a los mercaderes de las islas del norte que trajeron consigo el Islam. Para el siglo 16 las fuerzas europeas luchaban por controlar la riqueza y el comercio. Los británicos y los holandeses instalaron avanzadas comerciales; sin embargo, fueron los holandeses los que, finalmente, establecieron un fuerte y obtuvieron el dominio de la zona. Esto llegó a ser su centro administrativo de todas las Indias Orientales.

Al terminar la Segunda Guerra Mundial, Yakarta fue liberada del dominio japonés y se convirtió en la capital de la Indonesia independiente. El golpe comunista de 1965, abortado, produjo mucho derramamiento de sangre.

Al crecer extraordinariamente la población del país en los últimos 50 años, Yakarta ha llegado a ser una ciudad moderna con enormes barrios de chabolas. La llegada de campesinos, debido a la depresión económica de las zonas rurales, elevó los barrios pobres hasta llegar a ser más 60% de la población de la ciudad a comienzos de los años setenta. Los barrios de chabolas se han ocultado detrás de edificios modernos, y el gobierno ha estado reubicando a muchos de los pobres en otras islas. La tasa de pobreza actual está alrededor de 15% en la ciudad.

Puntos de oración

1. Pida en oración que el gobierno fomente el desarrollo de una nación pluralista en que todas las religiones tengan plena libertad de culto.
2. Ore por el desarrollo de la democracia y que el proceso de la sucesión estipulado para 1998 sea tranquilo y aceptado por las fuerzas políticas principales.
3. Pida que el proceso de modernización no destruya la vida de familia tradicional.
4. Pida a Dios que use la prensa y los medios electrónicos como medio de glorificar Su nombre —que abunde la programación cristiana.
5. Ore por el continuo crecimiento de la iglesia y por líderes maduros para dirigir a los nuevos creyentes de la verdad.
6. Pida en oración que el surgimiento del Islam sea contrarrestado con la verdad del evangelio.

Bandar Seri Begawan

Día 29
Significado: desconocido
País: Brunei*
Población: 110.000
Pobreza: El petróleo ha producido riqueza.
Composición religiosa:
  71,0% musulmanes
  9,0% religiones chinas
  6,5% irreligiosos
  3,7% animistas
  8,0% cristianos
  1,0% evangélicos
Condición de la iglesia: Unas pocas congregaciones chinas pequeñas; no se sabe que haya creyentes malayos.
Principales sitios religiosos: Mezquita de Omar Alí Saifuddin, Tumba del sultán Bolkiah

Importancia/historia de la ciudad:

Ubicada en el delta del río Brunei y protegida por la bahía de Brunei, Bandar Seri Begawan ha sido un asiento de poder para el control del norte de Borneo hasta las Filipinas. La ciudad domina la bahía adonde atracan los barcos europeos acudían para descansar y comerciar, pero, con el transcurso del tiempo, declinó el poder del sultán de la zona y los piratas empezaron a hacer asaltar los barcos mercantes europeos que pasaban.

El Islam entró al país en el siglo 15 mediante la conversión del sultán Awang Alak Beter. El era un rey pagano hasta que supo del Islam, probablemente, a través de mercaderes musulmanes. Para mostrar su deseo de identificarse con el Islam cambió su nombre por el de sultán Mahoma, en honor al fundador del Islam.

Los ingleses habían establecido rutas comerciales firmes entre la China, la India e Inglaterra. No podían permitir la piratería. Se apoderaron de la zona a comienzos del siglo 19, e hicieron del país un protectorado británico hasta 1983. Hace 50 años se halló petróleo en la costa. La riqueza de la ciudad volvió a crecer.

El sultán actual, que se cree sea el hombre más rico del mundo, representa una de las más antiguas y continuas dinastías reinantes del mundo. El petróleo ha hecho de Brunei una de las naciones más ricas de Asia.

Puntos de oración

1. Pida en oración que se permitan la importación de literatura cristiana y el contacto con extranjeros cristianos.
2. Pida que se permita legalmente la evangelización de los musulmanes.
3. Pida que los líderes del gobierno brinden protección constitucional a los cristianos y permitan la celebración de la Navidad en público.
4. El sultán Beter volvió todo el país hacia el Islam. Pida a Dios que ablande el corazón del sultán actual y permita que su nación se vuelva a Cristo.
5. Pida que la gente se desilusione del materialismo traído por el dinero del petróleo y que deseen las verdaderas riquezas de Jesucristo.

Ulan Bator

Día 30

Significado: «guerrero rojo»
País: Mongolia*
Población: 600.000
Pobreza: 26,5% de la población es pobre.
Composición religiosa:
  50,0%   chamanistas/animistas
  26,0%   budistas
  19,0%   ateos/irreligiosos
  4,0%   musulmanes
  0,03%   cristianos
Condición de la iglesia: 10 iglesias.
Principales sitios religiosos:
  Monasterio Gandan, Centro de los Astrólogos Mongoles

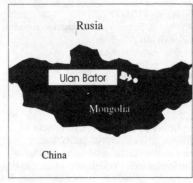

Importancia/historia de la ciudad:

El desierto de Gobi y las estepas de las llanuras mongoles han producido históricamente guerreros que han conquistado vastos territorios. La Gran Muralla de China fue erigida para mantener fuera a los mongoles. La muralla nunca falló físicamente; lo que pasó fue que los guardias de las atalayas fueron sobornados y permitieron que pasaran los mongoles. El Asia Central y Persia vieron a los mongoles barrer con todo. El gran unificador de los mongoles, Gengis Khan («rey universal») extendió el imperio mongol hasta Arabia, Rusia y China.

En el siglo 17, Ulan Bator llegó a ser residencia de Jebsundamba Hutuku, una de las revelaciones del Buda viviente. Casi 100 años después, se edificó en la ciudad el Monasterio Gandan como centro y templo budista.

Con la caída del imperio mongol, China y Rusia se disputaron el territorio mongol, y Mongolia estuvo dominada, por turnos, por la una o la otra.

Stalin cerró en los años treinta los monasterios, y encarceló a los monjes porque eran demasiado poderosos. Al caer el comunismo en Mongolia, en 1990, la religión pudo restaurarse. Gandan es hoy el único monasterio que funciona en el país; los demás han sido cerrados o convertidos en museos.

Puntos de oración

1. Las continuas dificultades económicas y el desempleo dificultan mucho la vida a las familias mongoles. Pida en oración que sean aliviadas las dificultades por las que pasan éstas.
2. El concejo de la ciudad exige que las iglesias se registren dando el nombre, sexo, lugar de trabajo y domicilio de todos sus miembros. Pida en oración que los creyentes puedan reunirse y adorar libremente y que surjan líderes mongoles para guiar a las nuevas congregaciones.
3. Hay desunión de los cristianos respecto de cuál es la versión preferible de la Biblia en lenguaje mongol. Ore por el consenso en este importante asunto. El testimonio de algunos misioneros de corto plazo ha sido contraproducente. Ore por sabiduría para los que obran en esta ciudad.
4. Pida en oración que las sectas y otras religiones no confundan a los creyentes jóvenes y que disminuya la popularidad de las religiones falsas.

Pyongyang

Día 30

Significado: «océano pacífico»
País: Corea del Norte*
Población: 2.471.000
Pobreza: Se raciona el alimento de primera necesidad.
Composición religiosa:
  68,0% ateos/irreligiosos
  29,5% religiones coreanas
  1,7%   budistas
  0,6%   cristianos
  0,36% evangélicos
Condición de la iglesia: 3 iglesias oficiales, numerosas iglesias caseras.
Principales sitios religiosos: Torre de la Juche Idea, Monumento Manyongdae (lugar de nacimiento de Sung)

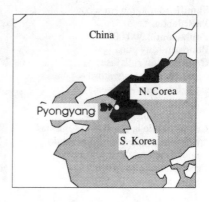

Importancia/historia de la ciudad:

Desde 2333 A.C. Pyongyang ha sido central para los poderes que gobiernan la península coreana. Los chinos, los japoneses y la dinastía Wang trataron de dominarla. Pocas ideas occidentales penetraron en la zona, pero el catolicismo romano lo logró. Los campesinos siguieron esta nueva religión. Debido a que ellos eran analfabetos y pobres, el gobierno les prestó poca atención hasta que se convirtieron algunos aristócratas confucianos.

En el siglo 19 los misioneros cristianos navegaban río arriba por el Taedong hacia Pyongyang. El gobierno confuciano atacó y hundió una embarcación. Robert Thomas escapó nadando hacia la costa. Antes de ser martirizado regaló una Biblia a sus verdugos. Luego siguió la matanza de más de 8.000 coreanos católicos y unos pocos protestantes.

En 1930 Pyongyang, con sus muchas iglesias, fue considerada la capital del cristianismo de Asia. Sin embargo, antes que se rindieran los japoneses en 1945, Stalin instaló tropas en Corea del Norte. El régimen comunista que surgió fue dirigido por Kim Il Sung. Miles de cristianos fueron martirizados durante la guerra de Corea y después. En años recientes Billy Graham ha ido a Pyongyang, y le testificó del evangelio al ya difunto presidente Kim. Esta nación marxista sigue siendo uno de los países más cerrados al cristianismo.

═══ Puntos de oración ═══

1. Pida en oración que el gobierno de transición cambie su política y permita la libertad religiosa, la verdadera adoración en público y la construcción de edificios para las iglesias.
2. Pida que las iglesias caseras crezcan, con oportunidad y libertad para desarrollarse en congregaciones maduras, y que se levanten líderes cristianos.
3. Pida que cristianos del extranjero puedan contactarse y conversar con los creyentes, y que éstos puedan viajar a las reuniones internacionales.
4. Actualmente no se permite que la iglesia oficial coopere con los extranjeros en distribuir Biblias. Pida que se impriman Biblias y literatura cristiana, especialmente para niños en edad escolar, y que funcione una imprenta para imprimir Biblias.
5. Ore por la reunificación nacional del sur y el norte. Los cristianos de Corea del Sur desean mucho poder difundir su fervor espiritual hacia el norte.

Sapporo

Día 30

Significado: «gran río seco»
País: Japón, Yeso
Población: 2.300.000
Pobreza: Muy poca
Composición religiosa:
  90,0% budistas/sintoístas
  8,0%   ateos/irreligiosos
  1,0%   cristianos
  0,5%   evangélicos
Condición de la iglesia: 113 iglesias autóctonas que están empezando nuevas iglesias.
Principales sitios religiosos:
  Santuario Jingu de Yeso

Importancia/historia de la ciudad:

Sapporo se desarrolló como un pequeño villorrio aino. Los ainos eran un pueblo diferente de los japoneses que interactuaban comercialmente con ellos. Los ainos intercambiaban carne de oso y salmón por ropa y artefactos de metal.

El Festival Iyomante era la culminación del culto al oso, uno de los espíritus de animales endiosados que ellos adoraban. Los espíritus de los animales eran centrales para la vida de ellos. Las mujeres ainos criaban (hasta amamantando) un cachorro de oso en honor del animal. La piel y la carne del oso era de extrema importancia para vivir, y cada animal recibía oraciones de agradecimiento y peticiones por la vida del animal en el más allá.

Al ir aumentando los japoneses, las islas del sur necesitaron más terreno. El pueblo aino, de menor número, fue aplastado y obligado a trasladarse al norte de la isla por el avance japonés. La isla norteña de Yeso cayó ante los japoneses a mediados del siglo 19, y entonces se estableció a Sapporo como capital territorial en 1869.

En los últimos cien años la ciudad ha crecido hasta ser el centro cultural, político y económico de la isla. En 1972 se realizaron allí las Olimpíadas de Invierno. La cultura aino ha desaparecido en gran parte, ya que ambos grupos se han ligado por matrimonios.

Puntos de oración

1. Ore por la unidad de las iglesias —que por la cooperación, sean sumamente efectivos los esfuerzos evangelizadores, y que haya sabiduría al establecer nuevas iglesias.
2. La mayoría de las casas tienen un *Butsudan* (un altar familiar budista) para el culto a los antepasados. Pida en oración que se rompan las ataduras tradicionales de estos altares familiares.
3. Pida que sea vencido el espíritu materialista de la ciudad.
4. Yeso tiene la mayor tasa de divorcio del Japón. Pida que la vida de familia sea fortalecida y que las familias se reconcilien por medio de Cristo.
5. Ore por los creyentes que siguen evangelizando a sus vecinos y amigos.
6. Pida que sean quebrantadas las creencias animistas de los ainos, y que sean sanadas las tensas relaciones entre los ainos nativos y los japoneses.

Tokio-Yokohama

Día 31

Significado: Tokio, «capital oriental»
Yokohama*, «junto a la playa»
País: Japón*
Población: 18.527.000
Pobreza: Poca pobreza.
Composición religiosa:
  99,0% sintoístas y budistas
  1,0%   cristianos
  0,25% evangélicos
Condición de la iglesia: 922 en Tokio; 465 en Yokohama.
Principales sitios religiosos: En Tokio: Santuarios Yasukuni y Meiji, Templos Kwannon y Kaneiji; En Yokohama: Santuarios Asakusa Amanawa, Gran Estatua de Buda, Templo Hasedera

Importancia/historia de la ciudad:

Hace unos 500 años, pescadores y cultivadores de arroz vivían en la pequeña aldea de Edo. Tres ríos confluían allí, pero muy poco pasaba en este villorrio adormilado. A mediados del siglo 16 se construyó un fuerte para proteger la capital del Shogun (Takugawa). En el transcurso del tiempo, se recuperaron las tierras bajas pantanosas y se expandió la ciudad. El gobierno del Shogun transformó la economía japonesa de ser la riqueza de la aristocracia a la de un estado comercial. Edo siguió creciendo y desarrollándose hasta el siglo 18 en que llegó al millón de personas —la ciudad más grande de entonces.

Al Edo crecer, los extranjero desearon contactarse más con la ciudad. El gobierno Takugawa no quería extranjeros en Edo, así que decidieron que el poblado pesquero de Yokohama albergara a la comunidad internacional. El desarrollo de esta ciudad portuaria permitió que aumentara el comercio y la tecnología internacionales en todo el Japón. Se establecieron industrias, y la ciudad creció.

Tokio y Yokohama constituyen hoy una de las mayores metrópolis gigantes del mundo. La población ha seguido creciendo y se ha recuperado más terreno de los ríos y del océano. Tokio es sede del parlamento japonés y del poderoso Ministerio de Comercio e Industria Internacionales.

═══ Puntos de oración ═══

1. Pida en oración que Dios sacuda a la ciudad y a la nación. La mayor barrera en contra del evangelio es la sensación de que es inapropiado, pues casi todos están satisfechos con lo material. Un espíritu materialista motiva a este centro económico del planeta.

2. Ore en contra del surgimiento e influencia de sectas como los Mormones, los Testigos de Jehová y los Moonies, y asimismo de los nuevos movimientos religiosos influidos por el budismo.

3. Ore por la salvación de la familia imperial, y que cesen las visitas oficiales de los políticos al Santuario Yasukuni.

4. Ore por la unidad y mutua comprensión entre los cristianos no carismáticos y los carismáticos. La desconfianza ha conducido a la falta de cooperación y al orgullo espiritual.

5. Ore por los creyentes japoneses a fin de que emprendan la evangelización personal y no se limiten a invitar a sus amigos a las reuniones de la iglesia —esto podría conducir a un significativo crecimiento de la iglesia.

Osaka-Kobe-Kioto

Día 31

Significado: Osaka, «ladera grande»
Kobe, «puerta de los dioses»
Kioto, «ciudad capital»
País: Japón*
Población: 8.563.000
Pobreza: Poca pobreza.
Composición religiosa:
  97,5% sintoístas y budistas
  2,5%   cristianos
  0,32% evangélicos
Condición de la iglesia: Osaka, 522; Kobe, 405; Kioto, 193.
Principales sitios religiosos: Osaka: Templo Shitennoji, Santuarios Sumiyoshi y Temmangy; Kobe: Santuario Ikutajinji; Kioto: Templos Daitokuji y Ryoanji, Santuario Kibone

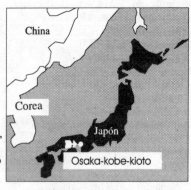

Importancia/historia de la ciudad:

El Templo Shitennoji fue construido en Osaka en el siglo 6. La tradición dice que el templo fue construido por el príncipe Shotoku cuando, en el calor de una batalla, formuló votos de edificarlo a los Shitenno (los cuatro dioses que protegen los puntos cardinales). Osaka creció, y llegó a ser el centro de los Isiyama Honganji. Esta organización religiosa seglar construyó un templo fortificado, en la vecina Kioto, que atrajo peregrinos.

De 794 a 1869, Kioto fue la capital del Japón, que entonces era una monarquía religiosa. Al surgir el poder Shogun en Edo (Tokio), esta zona perdió importancia ante la capital norteña. Kioto es hoy el centro nacional de la cultura y del budismo, y cuenta con más de 2.000 templos y santuarios. La ciudad celebró recientemente su aniversario 1200.

La bahía de Osaka era grande y protegida, magnífica ubicación para el comercio con el mundo exterior. El comodoro inglés Perry obligó a la apertura del puerto de Kobe en 1868, y floreció el comercio exterior con pocas restricciones. Esta libertad hizo que el puerto se ampliara, y el crecimiento de la población de Osaka llevó a la unión de ambas ciudades.

La industria, los negocios y el comercio internacional han hecho que las tres ciudades formen la Zona Industrial Keihanshin.

Puntos de oración

1. Kioto atrae, como sitio de peregrinación, a más de un tercio de la población japonesa cada año. Pida en oración que estos peregrinos busquen la verdad de Dios en Jesucristo.
2. Pida que el énfasis en la oración, creado durante la Cruzada Koshien de 1993, siga siendo un punto focal de la vida de la iglesia.
3. Ore en contra del orgullo nacional, que les hace pensar: «Soy japonés, no necesito una religión extranjera como el cristianismo».
4. Pida que Kobe sea reconstruida tras el devastador terremoto, y que la gente busque a Dios para consuelo y fortaleza.
5. Pida que los creyentes se percaten más de los efectos espirituales de los demonios y el ocultismo en las vidas de sus vecinos.

Fukuoka-Kitakyushu

Día 31

Significado: Fukuoka: «colina bendecida»
Kitakyiushu: «nueve estados del norte»
País: Japón*
Población: 4.164.000
Pobreza: Poca pobreza.
Composición religiosa:
  95,0% sintoístas y budistas
  2,5% cristianos
  0,32% evangélicos
Condición de la iglesia: Fukuoka, 85; Kitakyushu, 72.
Principales sitios religiosos: Kitakyiushu: Santuario Sumiyoshi; Fukuoka: Templo Shofukuji, Santuario Kushida, Santuario Munaga Taisha, Santuario Dazaifu Tenmangu, Montaña Aso

Importancia/historia de la ciudad:

Ya en el año 300 A.C. se estableció un fuerte en la bahía de Hakata. Esta pequeña comunidad comerciaba con Corea y otras tierras, pero no era una potencia en la zona.

A fines del siglo 6, Fukuoka llegó a ser la ciudad principal para el comercio con China. La bahía de Hakata daba gran protección contra el océano, y su ubicación, justo al frente de Corea, la hacía un trampolín natural para el comercio con China.

Las rutas comerciales trajeron el budismo zen (meditación profunda) al Japón en el siglo 12. El Templo Shofukuji es hoy el templo zen más antiguo del Japón.

Cien años después, los invasores mongoles trataron dos veces de conquistar al Japón a través de la bahía de Hakata. Las invasiones no tuvieron éxito debido más a los violentos tifones que a la superioridad combativa japonesa. Japón se libró de las bien entrenadas fuerzas mongoles.

La ciudad llegó a ser, en este siglo, un centro industrial y pesquero. Fue la ciudad más grande y el centro político de la isla de Kiu-Shiu.

En 1963 se incorporaron cinco ciudades de la provincia de Fukuoka para formar a Kitakyushu. Esta ciudad unida es hoy el centro industrial más importante de la isla. El gobierno local desea aumentar el comercio exterior y llegar a ser la puerta del Japón para el resto de Asia.

═══ Puntos de oración ═══

1. Ore por avivamiento motivado por un espíritu de arrepentimiento, y que el gozo y el entusiasmo reemplacen al formalismo de los servicios de adoración.
2. Pida en oración que los seminarios enseñen sana teología bíblica, de modo que los nuevos graduados puedan llevar la iglesia al crecimiento espiritual. Ore por aliento y fortaleza espiritual para los pastores, que sean refrescados por el Espíritu Santo.
3. Pida que se destruya la actividad de la delincuencia juvenil en la zona y que los cristianos que ministran a esta juventud puedan llevarlos al Señor.
4. Ore en contra del ocultismo y de las falsas religiones que están interesadas especialmente en la juventud.
5. Pida que las iglesias sean ejemplos de cooperación en la evangelización.

Lista de recursos

Libros

Presentamos a continuación una lista de varios libros que le servirán para orar con más conocimiento y efectividad por las cien ciudades de acceso. Puede adquirirlos en la librería cristiana de su localidad, o directamente al United Prayer Track, llamando al 818-577-5599. Para recibir una copia de *The Arsenal*, una lista de recursos de oración y guerra espiritual, escriba a Global Harvest Ministries, 215 North Marengo Ave., Suite 151, Pasadena, CA 91101.

Taking Our Cities for God, John Dawson.
Una obra que informa cómo Dios ama y quiere redimir a nuestras ciudades a través de la oración y la sanidad.

The Jericho Hour, Dick Eastman.
Un libro estratégico acerca del papel de la guerra espiritual en el cumplimiento de la Gran Comisión. Ejemplos prácticos y enseñanza inspiradora.

Love on Its Knees: Make A Difference by Praying for Others, Dick Eastman.
Principios de intercesión para ayudarle a orar con espectacular efectividad por gente desconocida de tierras extranjeras, al igual que por sus propios seres queridos.

Prayer-Walking: Praying on Site With Insight, Steve Hawthorne y Graham Kendrick.
Los creyentes comunes están saliendo a las calles para orar efectivamente por sus vecinos. Este es una minuta práctica de ideas comprobadas para empezar a preparar ciudades enteras para el despertamiento espiritual.

Possessing the Gates of the Enemy, Cindy Jacobs.
Guía para aquellos que desean unirse a la batalla de la guerra espiritual. Describe en términos definidos el don de la intercesión y cómo saber en qué dirección puede uno ser llamado a ser un intercesor.

Operación Mundo: Guía diaria de oración por el mundo, Patrick Johnstone.

Para ayudar a las personas y a los grupos a interceder más efectivamente por el mundo; contiene información integral, estadísticas exactas y detallados mapas y gráficos.

The Last of the Giants: Lifting the Veil on Islam and the End Time, George Otis, Jr.
Lleva al lector en un viaje «entre bastidores» a conocer las fuerzas espirituales principales del mundo de hoy: Islam, hinduismo y materialismo.

Breaking Strongholds in your City, redactado por C. Peter Wagner.
El primer texto con un mapa espiritual para el cristiano promedio. Entre los colaboradores están George Otis, Jr., Cindy Jacobs, Kjell Sjoberg y otros.

Churches that Pray, C, Peter Wagner.
Cómo se relaciona la oración con el crecimiento de la iglesia local y por qué es necesario orar no solamente en la iglesia sino también en la comunidad.

Engaging the Enemy, C. Peter Wagner.
Dieciocho líderes de oración comparten experiencias prácticas en la guerra espiritual.

Prayer Shield, C. Peter Wagner.
Cómo interceder por los pastores, los líderes cristianos y otros que están en las líneas del frente espiritual con excelente material para los intercesores.

Warfare Prayer, C. Peter Wagner.
Cómo buscar el poder y la protección de Dios en la batalla por edificar su reino. Este libro ampliamente aclamado guiará a todo aquel que desee unirse a la batalla de la guerra espiritual.

Videos y casetes

Hay a disposición un video llamado *Light the Window* que presenta la necesidad espiritual de la Ventana 10/40. Relata cómo Dios está usando el movimiento mundial de oración a través de Penetrando la Ventana Mediante la Oración para cumplir la Gran Comisión en esta última frontera de la evangelización del mundo.

También hay a disposición casetes de enseñanza con más información sobre las cien ciudades de acceso. Estos casetes fueron grabados en varias conferencias realizadas para entrenar a viajeros de oración a fin de que realicen eficazmente su misión de orar «en el terreno» en estas ciudades. Los casetes tienen información práctica acerca de la manera de tener un exitoso viaje de oración.

Para pedir estas cintas, contáctese con la Christian Information Network, 11025 State Highway 83, Colorado Springs, CO 80921; teléfono (719) 522-1040; fax (719) 548-9000.

Calendarios de oración

Los calendarios de oración para Penetrando la Ventana Mediante la Oración II están también disponibles a través de la Christian Information Network.

Libros de oración

Puede obtener más copias de *Penetrando por medio de la oración las 100 ciudades de acceso a la Ventana 10/40* en librerías cristianas de su localidad o pidiéndolas directamente a Christian Information Network.